建构主义理论与大学英语写作教学模式研究

李燕 ◎ 著

西南交通大学出版社
·成 都·

图书在版编目（CIP）数据

建构主义理论与大学英语写作教学模式研究 / 李燕著. —成都：西南交通大学出版社，2023.3
ISBN 978-7-5643-9201-7

Ⅰ. ①建… Ⅱ. ①李… Ⅲ. ①英语 – 写作 – 教学研究 – 高等学校 Ⅳ. ①H319.36

中国国家版本馆 CIP 数据核字（2023）第 040732 号

Jiangou Zhuyi Lilun yu Daxue Yingyu Xiezuo Jiaoxue Moshi Yanjiu

建构主义理论与大学英语写作教学模式研究

李 燕 著

责任编辑	孟 媛
封面设计	原谋书装
出版发行	西南交通大学出版社 （四川省成都市金牛区二环路北一段 111 号 西南交通大学创新大厦 21 楼）
发行部电话	028-87600564 028-87600533
邮政编码	610031
网 址	http://www.xnjdcbs.com
印 刷	成都中永印务有限责任公司
成品尺寸	170 mm × 230 mm
印 张	13.5
字 数	244 千
版 次	2023 年 3 月第 1 版
印 次	2023 年 3 月第 1 次
书 号	ISBN 978-7-5643-9201-7
定 价	68.00 元

前言 Preface

英语写作作为一项重要的产出性技能，是学生语言知识、能力与思维品质的综合反映，其重要性毋庸置疑，但却被学界公认为是学生英语学习的“软肋”。纵观我国大学英语写作教学发现，学生写作能力发展滞后与传统的“单向式”教学模式不无关系。传统英语写作教学以教师为中心，注重课堂写作知识讲授，忽视写作实践的创造性，无法激活学生的写作动力，学生个性化写作需求得不到满足，英语写作水平得不到提高。因此，随着信息技术发展日新月异，传统大学英语写作教学模式亟待改革，以满足社会经济发展对创新型人才的需求。

建构主义理论经过认知心理学家皮亚杰、布鲁纳、维果斯基等人的不断丰富与完善，已发展成为当代西方教育心理学领域最具影响力的理论流派，是指导世界各国教育教学改革的重要理论依据。本书以建构主义理论为指导，探索大学英语写作教学改革的主要原因如下：第一，建构主义理论的教学观和学习观与大学英语写作教学注重实践能力和关注学生个体的特点不谋而合。首先，建构主义理论强调教学要重视学生的学情，不能简单粗暴地对其进行知识灌输，而是要给学生提供构建知识的框架、思维方式以及学习情境，强调教学是一种培养学生主体性的创造活动，教师是教学活动的组织者，也是哥伦布式的发现者。其次，建构主义理论提倡“以人为本”的理念，强调学习者的中心地位，指出学生是知识及意义的主动构建者，关注学习过程中学生的互动与协作，注重以能力培养为目标，帮助学生学会学习。第二，大数据时代建构主义理论为大学英语写作教学带来了无限可能。信息技术的发展为建构主义理论的实践应用提供了强大的技术支持，产生了巨大的增值效应，使得建构主义理论所倡导的情境创设、协作学习、个性化学习、创新学习等核心理念成为可能。建构主义与信息技术相得益彰，能够更好地为大学英语写作教学改革保驾护航。因此，本书将建构主义理论用于指导大学英语写作教学改革，更新、迭代大学英语写作教学理念，构建信息技术环境下大学英语写作教学新生态，提升课堂教学效果，助力大学生英语写作能力发展，以期为新时代大学英语写作教学改革进行有益探索与实践提供参考。

本书共由五个章节组成。第一章从建构主义理论渊源谈起，系统梳理了建构主义理论的思想渊源、传承与发展，从中找寻建构主义理论与大学英语写作教学的契合点。第二章是大学英语写作教学现状与研究回顾。首先，以大学英语教学的纲领性文件为切入点，探讨大学英语写作教学的发展历程与现状。其次，系统梳理国内外大学英语写作教学研究相关文献，厘清现状，窥探发展趋势。第三章详尽分析大数据环境下大学英语写作教学之变化、挑战与机遇，探索大数据时代建构主义视域下大学英语写作教学模式重构，从而提出基于建构主义的大学英语写作教学模式基本框架。第四章基于教学实践案例，从移动学习、翻转课堂、“慕课”与“微课”三个维度，探讨信息技术环境下大学英语写作教学模式的迭代更新，以期帮助大学英语教师了解教育信息化背景下如何充分发挥建构主义理论之优势，利用丰富资源，构建信息化英语写作环境，推进大学英语写作教学改革，提高课堂教学效果。第五章基于建构主义理论，探讨信息技术环境下教师反馈、同伴反馈、智能在线反馈和多元反馈在大学英语写作教学中的应用，力求做到案例丰富，评析清晰，突出实用性，强调借鉴性。

本作品受西安翻译学院 2020 年学术著作出版资助。由衷感谢西安外国语大学杨达复教授对本书体例高屋建瓴的指导，他深厚的写作理论素养与审慎思考的治学精神让笔者受益终身，特别感谢西安翻译学院科研处老师对本书编写过程中的大力支持，非常感谢课程教学团队老师的相互支持与宝贵建议。此外，本书编写过程中参阅了国内外大量相关著作与文献，并引用了诸多专家、学者的观点与案例，在此深表感谢。由于作者水平有限，书中有不当之处，敬请广大专家和读者不吝赐教，批评指正！

作者

2022 年 9 月

目录 Contents

1

第一章

建构主义理论概述

20 世纪 60 年代，瑞士心理学家、日内瓦学派创始人皮亚杰（Jean Piaget）首次提出了建构主义理论，后经苏联心理学家和教育学家维果斯基（Lev Vygotsky）、美国认知教育心理学家奥苏贝尔（David Pawl Ausubel）和认知心理学家布鲁纳（Jerome Seymour Bruner）等学者的不断丰富和完善，形成了较为系统、完整的理论体系。自 20 世纪 80 年代以来，建构主义理论在西方教育心理学领域后来居上，逐渐取代传统行为主义的教学理念，成为最新的教学理论。建构主义理论核心思想强调以学生为中心，认为学习是在某种特定情境下，借助教师帮助和同伴协作对知识主动探索与构建的过程。这一核心思想体现了以人为本的现代人文观，对于培养新时代具有创新精神，具备独立思考能力、思辨能力的创新型人才具有重要的启示。随着"互联网+教育"时代的到来、信息技术的迅猛发展，建构主义理论愈发显示出其强大的生命力。本章围绕建构主义理论，从其理论渊源与发展、主要内容及建构主义与大学英语教学三个维度进行详细探讨。

第一节　建构主义理论渊源

20 世纪 90 年代兴盛于美国的建构主义理论是西方教育心理学的最新教学理论，其流派较多，在博采众长、吸收其他理论精髓的基础上，不断融入新的教育思想，逐步发展、壮大。自 90 年代引入中国以来，该理论对我国外语教学改革与发展产生了深远的影响。

一、建构主义理论的思想渊源

（一）维柯的《新科学》

建构主义理论哲学根源源远流长，最早可追溯至 18 世纪意大利哲学家维柯（Giovanni Battista Vico）的哲学思想。维柯在《论意大利最古老的智慧》一书中指出“真理就是创造本身”[①]“真理的标准和法则就是做成它本身”[②]。这是建构主义思想第一次较为清楚的“画像”。由此，维柯被称为建构主义理论的鼻祖之一，为建构主义发展奠定了重要基础。

（二）康德的“哥白尼式革命”

近代德国哲学家康德（Immanuel Kant）将近代经验论和唯理论与哲学思辨性相结合，强调经验的作用，认为“我们的一切知识都是随经验而开始，但并不能说一切知识都是从经验而来的”[③]，同时，他强调理性的价值与理性的工作，许多经验都是对原有概念的分析。但他认为经验与理性终究要结合在一起，共同构筑人类知识大厦。康德的经验与理性相结合的思想，实际上是对主体能动性的深刻把握与认知，被称为哲学上的“哥白尼式革命”，为建构主义的发展奠定了有力的基础。

（三）后现代主义理论

后现代主义哲学理论强烈批判现代主义、理性主义及总体性等观念，强调世界的多元化和多样性，认为没有绝对的客观存在。因此，人类对世界的认识是随着语境而变化的，不存在唯一不变的客观真理。在教学中，后现代主义认为每个学习者是独一无二的个体，存在着差异性，决不能用统一的标准去衡量所有学生的学习水平和发展程度。后现代主义强调多元、尊重差异、主张开放、推崇创新等教育思想为建构主义教学理论提供了有益的启示和根基。

---

① [意]维柯:《论意大利最古老的智慧》，张小勇译，上海：上海三联书店，2006年，第11页。

② [意]维柯:《论意大利最古老的智慧》，张小勇译，上海：上海三联书店，2006年，第18页。

③ [德]康德:《纯粹理性批判》，蓝公武译，北京：中国画报出版社，2016年，第1页。

二、建构主义理论的由来与发展

建构主义理论不仅受到了上述哲学思想的影响与启发，而且直接得益于皮亚杰、布鲁纳、维果斯基等教育学家、心理学家思想的丰富与完善。

（一）皮亚杰的认知理论

皮亚杰是近代瑞士最具影响力的心理学家之一，也是 20 世纪对儿童认知发展理论贡献最大的日内瓦学派创始人。皮亚杰理论体系的主要贡献有三：一是认知论发展理论。他采用唯物辩证法的思想，指出认知发展是内因和外因相互作用的结果，即心理发展是主体和客体相互作用的结晶。其认知发展理论的核心思想是儿童认知结构的发展建立在与周围环境相互作用的过程中，并逐步建构起自身关于周围环境的认识。二是建构主义发展观。皮亚杰认为发展依赖于成熟、实际经验、社会环境和平衡化四大条件，其中平衡化是发展的真正根源。具体来说，认知发展包括同化、顺应和平衡三个过程，而平衡是认知个体在自我调节的基础上，由一种平衡状态向另一平衡状态发展的过程。换言之，平衡是认知个体通过同化与顺应两个过程实现与周围环境的和解，而平衡化是指认知个体在对同化与顺应自动调节的基础上，由不平衡向再平衡的多次推进，实现同化与顺应之间的协调发展，最终实现个体认知水平的不断提升。因此，皮亚杰的建构观可以概括为：个体认知结构的构建源于同化与顺应两个过程，并且在“平衡—不平衡—再平衡”的循环往复中得以丰富、完善和发展。三是儿童认知发展阶段论。皮亚杰认为儿童认知发展过程包括感知运动、前运算、具体运算和形式运算四个阶段，每一个阶段都是一个和谐的、统一的整体，但又有着质的差异，各具特点并能反映每一阶段儿童认知的行为特点。在感知运算阶段，儿童的认知结构主要依靠动作感知运动图式，实现由只有反射行为的个体到对周围环境建立了解的问题解决者的转变；在前运算阶段，儿童可将动作内化为表象并借助其思考推理，实现思维的质的飞跃；在具体运算阶段，儿童的认知结构由表象图式转化为运算图式，思维活动具有逻辑性、守恒性和可逆性的特征；而在形式运算阶段，儿童的认知水平发展到了抽象逻辑推理水平，具有一定的创造性。综上所述，皮亚杰关于认知理论的主要观点为建构主义理论的产生与发展奠定了坚实的基础。

（二）布鲁纳的认知革命

美国著名的教育心理学家、认知心理学家布鲁纳是20世纪50年代认知革命的倡导者。他把“人的高级心理过程”纳入人类科学研究的轨道，将“意义”“意义的建构”确立为心理学的核心概念。布鲁纳认为学习的实质是由个体对外界事物进行感知、概括，主动建立的一种认知结构。具体来说，学习过程包括习得新信息、转化和评价三个阶段。换言之，学习过程是学习者对外部事物进行类别化、概括化的信息加工等系列活动，把所感觉到、观察到的线索、信息通过内推、外推或变化等方法进行主动类目编码、整理，从而形成对外部事物的推论以及超越。在这一过程中，学习者不是被动的知识接受者，而是积极的信息加工者、主动的知识建构者和探究者。因此，学习者只有具备开放的思想，才能从多样性的观点中建构知识和价值，而学习的最好方法是学习者用自己的头脑主动获得知识的一切方法，即发现法。

布鲁纳的学习理论具有鲜明的建构主义色彩，认为学习是把经历的事情和已学到的模式进行比较、建构的过程，学习者在这个过程中发挥主观能动性，借助自己已有知识经验构建新的思想和概念，从而实现学习能力的提升和新知识的构建。布鲁纳关于认识的心理学思想丰富了建构主义理论的内涵，促进了建构主义的发展。

（三）维果斯基的心理发展理论

苏联杰出的心理学家维果斯基被称为“心理学中的莫扎特”。作为文化历史学派的创始人，他所创立的文化历史发展理论对西方乃至世界心理学发展有着广泛的影响，强调文化以及社会环境对儿童认知发展有着重要的影响。维果斯基的核心观点主要有：第一，心理发展观。他指出人的心理发展是在人际交往活动的过程中产生并发展而来，其实质机制是“内化”机制，而这一机制产生的过程是一种转化，而不是传授的过程。第二，心理发展活动观。维果斯基提出“人的心理过程的变化与他的实践活动的变化是同步的”[①]。他认为意识与活动具有统一性，活动是意识的客观表现，可以通过活动对意识进行研究并转化为客观存在的表述。他还明确指出意识与心理有着不同的本质，即心理是人与动物共有的反映形式，而意识则是人所特有的最高级反映形式。第三，最近发展区概念。维果斯基于1931年在研究儿童学习与发展问题时首次提出了最近发展区概念。他认为儿童认知存在两种水平，即现实发展水平和潜在发展水平，这两种水平之间的区域被称为“最近发展区”。现实发展水平是指儿童已经具备的独立解决问题的实际能力或水平；而潜在发展水平是指儿童通过他人的指导与帮助，方能达到的某种解决问题的能力或水平。“最近发展区”是社会文化理论的核心概念，揭示了个体心理发展的社会起源，阐明了教学的核心价值在于基于学生实际发展水平，创造条件，激发、挖掘其尚未形成的心理机能，帮助其不断将潜在的发展变成现实的发展并创造新的最近发展区。同时，他强调要重视学生原有经验与新知识之间的相互作用，只有两种知识相互联系，才能成为学生成长的基础。

维果斯基的心理发展观不仅是一种心理发展观，同时也是一种动态的学习与教学观，对教与学有着重大的指导价值，也极大促进和丰富了建构主义理论的发展，推动了建构主义理论在实践中不断完善。

（四）新建构主义

面对网络技术的迅速发展，知识迭代更新日益加速，2011年，中山大学王竹立教授首次提出“新建构主义”，它是对经典建构主义理论的传承与创新，其核心思想是“学习就是建构，建构蕴含创新”[②]，认为学习是一个

① [苏]维果斯基:《维果斯基教育论著选》，余震球译，北京：人民教育出版社，2005年，第87页。

② 王竹立:《新建构主义：网络时代的学习理论》，《远程教育杂志》，2011年第2期。

能动建构的动态过程，“为创新而学习、对学习的创新，在学习中创新”[②]，创新是新建构主义关注的终极目标。新建构主义强调主观与客观相结合的认知主义学习观，鼓励学生充分利用网络资源的优势，进行阅读、实践、交流等个性化自主学习，发挥个人主观能动性，拓宽视野，丰富认识。同时，提倡在教师的组织下，开展协作式、探究式学习，将网络中学习的知识在课堂进行交流、分享与讨论，师生共同协作对知识进行加工与内化，达到知识创新的目的。新建构主义教学法包括整合与重构、分享与交流、协作与探究三个环节，在认识论和教学论两个方面实现了新突破。认识论由纯主观主义转向主客观相统一，教学论由以学生为中心转向“学生主体—教师主导”相结合。[①]另外，新建构主义理论提出零存整取的学习策略，提倡学习者可以充分利用碎片化时间，有选择性地输入信息，实现知识的“零存”。同时，通过不断的写作实践对“零存”知识进行排列组合，达到对知识创造性重构“整取”的目的，实现对知识的创新。因此，新建构主义是网络时代中国教育智慧的结晶，为信息技术与外语教育深度融合提供了理论支撑。

第二节 建构主义理论的主要内容

本节从建构主义理论（包括经典建构主义和新建构主义）的核心思想和基本观点两个维度，系统阐述建构主义理论的主要内容，从中探寻其蕴含的教学理念以及对大学英语写作教学的启示与指导价值。

一、建构主义理论的核心思想

建构主义理论历经半个多世纪的发展与应用，传播甚广，影响深远，

① 何克抗:《对国外信息技术与课程整合途径与方法的比较分析》,《中国电化教育》, 2009 年第 9 期。

甚至在信息化时代的今天，愈发彰显出新的活力。“学生中心、学习中心”的核心思想是建构主义理论经久不衰的根本原因。这一思想精髓的具体阐释如下：首先，以学生为中心。建构主义强调学生的主体作用，彻底改变了以教师为中心的传统教学模式，突出学生是学习的主体，学生的主动性决定了学习的效果。其次，以学习为中心。建构主义强调 “学”，认为学习是一种主动探索、主动发现和主动建构意义的动态过程。这一动态过程离不开四大要素，即情境、协作、会话和意义建构。情境，广义来讲是指某种特定的社会文化背景，狭义的情境是指为了让学生获得某个知识点，教师创设的某种典型场景。情境的作用是激发学生的学习兴趣，促进学生进行发现式、探究式、讨论式的学习活动，是学生主动建构意义的物理空间和前提交件。协作是指相互合作。具体来说，协作指在某种情境下，为解决实际问题，学习者在教师的指导下以互助的形式共同完成较为复杂的学习任务。会话可以理解为交流，指学习者通过书面、口头的形式交换各自信息，其目的是共享资源，达成共识，促进意义建构。因此，协作与会话的过程是学习者认知结构得以重构的过程，也是意义建构的手段和加速器。意义建构是对事物性质、内在规律的理解和应用，是学习过程的终极目标。以上四个要素彼此互为前提条件，循环、递进式推进，使得学习的最终目标得以实现。

综上所述，建构主义“以人为木”的现代人本观理念是新时代高校深化教学改革的重要理论依据，在教育信息化背景下，必将焕发新的生机，掀起教育改革的新高潮。

二、建构主义理论的基本观点

（一）建构主义的知识观

知识观是人们理解知识的方法和态度，决定着教学与学习的过程。从广义来讲，知识观分为现代主义知识观（也被称为传统客观主义知识观）和后现代主义知识观，二者的本质区别在于如何认识知识。现代主义知识观具有客观性、稳定性的特点。因此，现代主义知识观认为知识是客观世界的本质反映，也是对现实的准确反映，即知识就是真理；而后现代主义知识观具有动态性、开放性的特点，更强调知识的动态变化。因此，知识不是一种一成不变、绝对客观的认识，而是对事物的一种暂时性、建构性解释。

建构主义的知识观认为，知识是对事物较为客观的假设，是对各种现象更为准确的一种解释，并不是唯一正确的最终答案。同时，建构主义认为随着社会的发展、人们对周围事物的不断探索，认知水平的不断提高，知识会不断被赋予新的表征，给予新的解释和假设。因此，建构主义的知识观突破了现代主义知识观的认知边界，认为知识绝不是对社会各种现象的普适性的世界法则，而是对具体情境的再创造、再加工，以尽可能与其本来面目相一致。因此，建构主义知识观更加强调知识的社会性、复制性与动态性。此外，建构主义认为知识是个体基于自身经验背景对特定事物的认知，只有通过个体自身新旧经验的反复双向作用才能建构其意义。因此，知识是个体化、情景化的产物。①

基于以上建构主义知识观，大学英语课程教学迎来了新的挑战。主要体现在如下方面：第一，传统知识传授型课堂受到质疑。知识不能通过课堂由教师简单灌输式传授给学生，需要学生在真实的情境下利用各种学习资源，借助教师和同伴协作，主动建构。因此，建构主义知识观指导下课堂教学如何组织，是大学英语课堂教学需解决的问题之一。第二，传统课堂知识受到质疑。传统课堂知识的载体主要来自课本、教材，而建构主义知识观认为课本知识仅仅是对现实的一种更可能正确的解释，而不是绝对正确的客观真理，教材内容不是世界的标准解释，需要学生在复杂变化的情境中不断探索。因此，构建主义知识观指导下，如何引导学生对课程知识传承与创新，培养学生的思辨能力、探究能力，是大学英语课堂亟待解决的问题之二。

---

① 丁元坤：《建构主义的教学理论及其启示》，《高教论坛》，2003 年第 3 期。

（二）建构主义的学习观

1. 学习是认知结构重构的过程

建构主义认为学习不是由教师向学生简单的、单向式的信息传递，而是学生在自己原有知识经验基础上对新信息进行编码，建构新的认知结构的过程。这一过程包括对外部信息输入、存储、选择、加工、提取等一系列环节，涉及同化和顺应两种机制，需要学生对新旧知识经验引起的冲突与不适应反复调整，实现新旧知识从“平衡到不平衡再到平衡”的反复调试，最终实现观念的转变和认知结构的改变。换言之，学生获取的外部信息本身并没有实际的意义，意义只有在学生对已获取信息的合理性、有效性进行深入分析的基础上才能被建构而成。因此，学习具有主动性、过程性的特点。

2. 学习是个体主动建构知识的过程

建构主义强调学习过程中个体的主动性，认为学习过程是学习者主动探索、主动发现、解决问题，主动构建意义的过程，也是学习者对现实世界创造性理解的过程。这一过程不由外部因素决定，而由学习者个体的主动性决定其对外部环境、社会现象认识的准确性。因此，教学过程中，对于教师来说，教师不能给学生简单呈现、传递、灌输知识，而应考量、分析学生的原有经验，并将其作为新知识的生长点，为学生在新旧知识间建立连接创造条件，从而生长出新的知识经验。对于学生来说，学生不能简单、被动地接收信息，而应在老师与同伴的帮助下，大胆质疑，积极交流，主动探索问题的解决之道，调整认知，形成自己对现象的解释，提出假设，实现自己对知识的主动构建。

3. 学习是个体主动进行意义建构的过程

建构主义理论认为学习是发生在教师创设的真实的或接近于真实的某种情境下，基于自己已有经验，通过教师与同伴的协作活动而实现对意义建构的过程。这一过程折射出建构主义学习观之学习环境中情境、协作、会话和意义建构四大要素的重要作用。第一，广义的情境是指某一特定的社会文化背景。狭义的情境是指教师为学生创造的某种学习活动发生的物理场景，其目的是帮助和促进学生对所学内容的意义建构。一般来说，学习活动场景创设越真实，通过意义建构获得的知识就越接近于客观解释。学习情境对教学活动的启示在于，教师应该精于教学设计，创设有利于学生建构意义的场景，从而促进学生完成意义建构。第二，协作是学生与学生之间的相互合作。具体来说，包括学习资源的共享、假设的提出与论证、学习成果的展示与互评以及最终意义的构建等环节。换言之，协作贯穿于学习过程的始终，是意义建构的重要手段之一。第三，会话是指协作过程中学习者之间解决复杂问题而进行交流与讨论的方式，是协作过程中不可缺少的环节。在这一过程中，学习者通过会话为学习群体贡献个体智慧，形成优势互补，实现意义建构。因此，会话也是学习过程中顺利完成意义建构目标的另一重要手段。第四，意义建构是指通过情境、协作、会话学习环境要素的相互配合，学习者获得对所学内容或事物之间内在联系的理解、解释或假设，或是学习者对所学内容的认知建构（新知识），是整个学习过程的终极目标。在建构主义学习环境下，学生原有知识经验的积累以及主动建构意义的能力，直接决定着其知识获取的数量与质量。

（三）建构主义的学生观

建构主义学习理论的核心思想强调以学生为中心。因此，学生是信息加工和知识意义的主动建构者，被认为是整个学习活动中的灵魂人物，具有能动性与思辨性的特点。换言之，教学活动中学生是教学的主体，处于中心位置，强调学生学习是在特定社会文化情境中，在教师的指导与同伴协作互动下，提出疑问，共享智慧，主动构建意义，从而形成对事物的深刻认识与理解。因此，建构主义理论指导下的教学活动，更注重学生学习的交互性、实践性和创造性，激发学生学习的求知欲，对问题的探索力和创新精神。

建构主义认为教学活动中要想使学生成为意义的主动建构者，应注意把握以下方面：一是创设真实情境。激发学生主动投入学习的情境，将信息的输入置于生活学习中的真实场景，引导学生学会质疑、提问、交流、共享个人观点，从而形成新的认知结构。二是灵活选择教学方法。根据不同的教学内容，采用不同的教学方法，如探究式、研讨式、项目式等激发学生主动发现问题、分析问题、解决问题。三是问题驱动。教学内容的引入应以问题为导向，帮助学习者将已有经验和所要接受的新知识之间建立联系，引导学生对此联系进行深度思考，发现新旧知识之间的内部规律，从而实现意义的主动建构，获得新知识。

（四）建构主义的教师观

建构主义彻底推翻了传统教学观中教师作为知识的传授者、灌输者，课堂绝对权威的捍卫者的观点，强调教师在教学活动中的主导作用，是教学活动的组织者、指导者，师生协作的引导者和倾听者，更是意义建构的促进者。教师的主要任务是在教学体系和教学对象之间发挥重要的“中介”作用，引导学生正确面对复杂的真实问题，关注学生对各种现象做出的不同反映，提供学生畅所欲言的人文环境，引导学生质疑、反问、纠正和完善自己的理解，鼓励学生寻找解决问题的不同答案。同时教师还要构建并维持良好的教学与学习的情境，促使学生通过实验、探究、合作等方式进行意义建构，掌握探求新知识的方法。

建构主义者认为教学活动中教师要想发挥主导作用，成为学生意义建构的促进者，应关注以下方面：首先，关注学生个体的差异性，做好学情分析，找准学生新旧知识之间建立关联的切入点。其次，善于创设符合教学内容的真实情境，激发学生的学习动力，引导学生通过相互合作，分享智慧，共同探讨解决问题的路径与答案，提升思辨能力；再者，引导学生找寻意义建构的方向，激发学生对问题的好奇心、兴趣和求知欲，培养学生的探索精神。

（五）建构主义的教学观

建构主义理论重视学生原有的知识经验背景、社会历史文化背景、动机以及情感态度等因素在认知学习过程中的综合作用。[①]教学应该尊重学生已有经验，不能简单粗暴地对学生进行单向式知识灌输，教师应该善于发现学生原有知识和所学知识的契合点，引导学生从旧知中“生发”新知。教学是引导学生主动构建知识的活动，需要学生在接受新信息的基础上，对其进行处理、加工、编码，形成对事物的认知重构，而不是知识的简单传递与搬运。这一活动中，教师作为教学活动的主导者，需要向学生提供知识建构的框架、引导学生对所接受信息进行整合，实现对其的内化；需要以问题为导向，创设学习情境，引导学生学会思考，在化解世界问题的过程中获得新知，而学生作为教学活动参与者和意义的建构者，需要不断提升问题的解决能力，发展自主学习能力和创造能力，拓展自主建构新知识的能力。因此，与传统教学相比，建构主义教学观指导下教学各环节的特点如下：

1. 教学设计原则

建构主义教学观强调以学生为中心，教学活动的开展与实施应从学生的视角出发，通过教师的指导，帮助学生实现对所学知识的意义构建。因此，教学设计中应坚持如下几个方面：

（1）坚持学习的视角，发挥学生的主动性及创新动力。

（2）创设“真实情境”，促成学生将新旧知识建立联系，帮助学生实现对原有认知结构的改造与重组。

（3）强调协作学习，营造学生乐于与敢于交流和讨论的氛围，引导学生共享资源、分享智慧，形成学习共同体，合力完成所学知识意义的主动建构。

（4）丰富学习资源。学习资源包括学习场地、设备、学习辅助材料，

---

① 薛国凤，王亚晖:《当代西方建构主义教学理论评析》,《高等教育研究》, 2003年第1期。

必要的资源获取路径、方式的指导等硬软件资源，方便学生多路径获取信息，更高效地获得对所知识的意义建构。

（5）明确教学目标。教师首先应该理解教学设计的最终目的是帮助学生主动完成对知识的意义建构，而非是传统教学中教师主观设定的教学目标。简言之，建构主义指导下教学设计原则与传统教学设计原则的区别概况如表 1-1 所示。

表 1-1 建构主义指导下教学设计与传统教学设计的区别

分类	建构主义指导下的教学设计原则	传统教学设计原则
教学主体	以学生为中心	以教师为中心
教学活动	以“学”为中心，突出情境、协作重要性	以“教”为中心，突出课堂讲授
教学目标	教师分析教学目标	教师确定教学目标

2. 教学目标

教学目标是对教学活动预期结果的标准和要求的规定或设想。①在建构主义教学观的指导下，教学目标则更强调主体在具体教学活动中达到的学习结果或标准，即学生的学习目标。因此，从宏观角度来看，教学目标的制定应该以学生为中心、以学习为中心，确定学生通过某个教学活动应能达到的学习结果，重点突出学生探究能力和创新能力培养的目标。从微观层面来看，教学目标应该从学生学习和教师教授两个视角出发，通过教学与学习的相互促进与循环，科学确定在具体教学活动中所要达到的预期结果。在实现这一预期结果的过程中，教师应着眼于大局，将教学重点置于相关知识图式和框架的供给与支持，而不应聚焦微观，过度关注具体学习内容。

3. 教学设计

教学设计是运用系统方法分析教学问题和确定教学目标，建立解决教

① 王本陆：《课程与教学论》，北京：高等教育出版社，2017 年，第 135 页。

学问题的策略方案、实行解决方案、评价试行结果和对方案进行修改的过程。[①]下文以课程为单位，对建构主义理论指导下，教学设计的主要内容进行概括：

（1）教学目标设计。建构主义理论指导下的课程教学目标设计应重点把握两个分析。首先，教学单元、课程分析。采取自下而上的方法，重点分析各单元教学目标和整门课程教学目标的联系，建立彼此相互支撑的知识“图式”。其次，学生（学情）分析。教学的最终目的是学生的“学”。因此，教学目标的设计离不开对学生特点、学情及学习需求的分析与考量。

（2）教学内容设计。教学内容是教学设计的关键环节，其载体是教材。在明确教学目标的前提下，需要教师对教材内容做出选择、重组，甚至再加工，才能形成有利于学生心理认知结构的教学内容。一般来讲，教学内容分为陈述性知识与程序性知识，对于两种知识类型教师需要具体做好如下方面的设计：一是情境设计。教师需要根据教学内容的类型，尽可能创设与主题相关的真实情境，以帮助学生建立新旧知识的连接点，促成学生对所学知识的理解，从而内化为解决问题的能力。二是学习资源设计。学习资源主要包括媒体设备、教辅教具及其他与主题相关的信息类资源等。教师需对以上资源合理筛选、配置，通过直接提供或指导获取路径的方式，帮助学生搭建支架，引导学生主动探索，形成对所学主题知识的理解。

（3）教学策略设计。教学策略是指达成教学目标的决策。[②]换言之，教学策略是指为实现教学目标而制定的教学过程实施方案，具体包括教学方法、教学材料、教学媒体的选择，以及教学步骤及教学形式的安排等。由此可知，教学策略是教学过程中必不可少的重要一环，在某种程度上决定着教学目标的达成和教学活动的展开。建构主义理论指导下的教学策略设计可以概括为如下几个方面：

第一，创设教学情境。情境是指知识应用的真实环境，离开这种环境，就不会得到学习应有的结果。因此，情境的设计应该以帮助学生实现学习

① 乌美娜：《教学设计》，北京：高等教育出版社，1994 年，第 12 页。

② 王允庆，孙宏安：《教学策略设计》，北京：科学出版社，2018 年，第 4 页。

目标为前提，创设在教师引导下，学生通过相互协作解决问题的学习环境。换言之，情境创设的重点在于引导学生开展小组讨论、协商解决某种问题，从而帮助学生实现意义建构。

第二，教学内容呈现设计。通过分析教材内容的性质，调整、重组教材内容，选择学习辅助材料、媒体技术等环节，使得新信息得以呈现，其目的旨在帮助学生在已有经验和新知识之间建立支点，快速生成意义，从而达到实现教学目标的最终目的。

第三，教学活动设计。教学活动简单地说就是教学互动，包括教学内容在何种师生互动、生生互动中呈现，其目的在于引导学生学会交流互动、形成学习共同体，激活学生主动的、积极的意义建构，帮助学生对所接受信息进行解释、内化、理解，形成新知。教学活动设计应注意几点：① 教学活动应以解决真实问题为导向，给学生留有实践、反思和自我建构知识的空间。② 教学活动应该有利于激发学生新旧知识之间的联系，促进学生的发展。③ 教学活动应以学生为中心，围绕学生的认知结构开展活动，促进学生的对话与交流，启发学生质疑并对假设进行检验。

第四，教学结果评价。教学结果评价也被认为是对学生学习效果的评价。评价内容主要包括学生自主学习能力、合作学习能力和学习目标的达成度三个方面。评价主体包括教师、同伴和学生个体三个维度；评价形式包括自评、互评和第三方评价。教学结果的评价目的在于发现教学过程的不足和学生学习过程中存在的问题，对教学效果进行自我诊断，为下一步教学方案的调整及合理设计课堂教学提供反馈。

4. 教学过程

传统意义上的教学过程观以客观主义认识论为指导，认为知识可以脱离其产生的背景，是某种形式独立存在的客观世界的真实反映。在某种程度上，教学过程被认为是对知识的传递过程，重点在于实现客观知识的有效传递。因此，传统教学过程中教师的首要任务是“灌输”知识，让学生学会复制知识，即教师的主要任务是告知、教会学生“知其然”。建构主义认为这种教学过程观是过时的。

建构主义认为教学过程是知识建构和理解的过程。强调知识是学习者在与社会文化环境的交互过程中，基于已有经验，对客观世界形成具有自己认识特点的主动建构。换言之，建构主义教学过程观认为知识是学习者对世界主观建构的产物，无法被简单地、机械地灌输和传递。事实证明，教师不可能通过机械的方式简单地将知识灌输、传授给学生。在建构主义理论指导下的教学过程是教师通过分析学情、分析教学内容，制定合理的教学目标。在教学目标的牵引下，通过创设教学情境、设计教学活动、重组教学内容使教学目标得以实现的过程。这一过程具有循环反复性，需要学生积极主动地参与体验，在教师的引导下实践、反思、内化、理解，从而实现意义建构，形成新的经验知识。

（六）建构主义的教学方法观

建构主义理论指导下，依据学习基本特征及不同的学习形式与风格，常用的主要教学方法如下：

1. 支架式教学（Scaffolding Instruction）

支架又被称作“脚手架”，是建筑行业术语，原指为确保建筑施工顺利施行的临时性支持，后引入教育学领域，指一个人对另一个人在学习过程中给予的帮助与支持。[①]关于支架式教学法较为认可的定义来自欧共体“远距离教育与训练项目”（DGXIII）的相关文件，指出“支架式教学法应当为学习者建构对知识的理解提供一种概念框架（conceptual framework）”[②]。支架式教学体现了建构主义以学生为中心的特点，形象地把概念框架比喻为“脚手架”，其实质是指在学习过程中教师对学生主动建构意义、形成理解所提供的某种帮助，也就是提供支架作用。换言之，支架式教学法的理

① 闫寒冰：《学习过程设计——信息技术与课程整合的视角》，北京：教育科学出版社，2005 年，第 136 页。

② 何克抗：《建构主义的教学模式、教学方法与教学设计》，《北京师范大学学报》（社会科学版），1997 年第 5 期。

论依据来源于维果斯基的“最近发展区”理论，其核心观点是儿童实际的发展水平和教师指导下的潜在发展水平之间存在距离。维果斯基认为这种距离在教师提供的学习支架作用下是可以跨越的。因此，教学中教师应当恰当搭建支架来帮助学生将已有的知识概念转化为想要达到的教学目标，助力学生发展，不断提升学生的认知水平。教学实践中，根据支架的表现形式，常见的学习支架类型包括各种学习资源（范文、案例、相关主题音视频、文本等）、学习辅助平台、工具等。此外，解释、对话、合作等也被认为是支架更为随机的表现形式。从教学过程来看，支架式教学法的主要教学环节如图 1-1 所示。

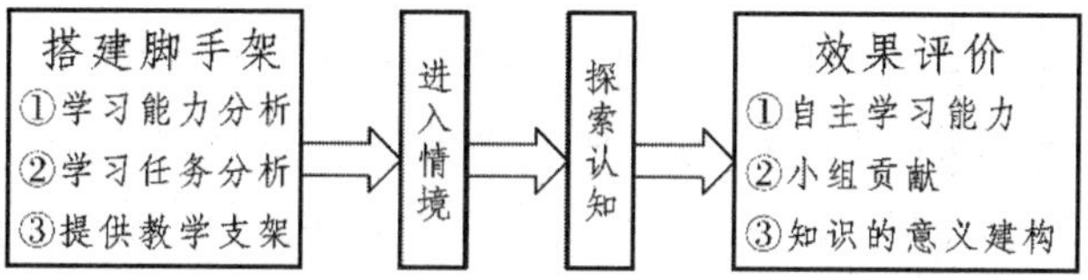

图 1-1　支架式教学法的主要教学环节

（1）搭建脚手架：以学生为中心，在分析学生学习能力、学习任务的基础上，围绕学习内容，按照“最近发展区”要求提供教学支架。

（2）进入情境：创建知识应用的真实情境，引导学生带着问题思考进入情境。

（3）探索认知：教师提供范例、问题、建议、工具等学习支架，启发学生通过会话、小组合作、协商、讨论等路径，自主发现问题、分析问题，最终解决问题，建立起对新知的认知结构，实现对所学知识的意义建构。

（4）效果评价：指在教师支架的引导下对学生学习效果的综合评价。评价主体主要包括教师评价、学生评价（自评和他评），评价内容主要涉及学生的自主学习能力、合作学习过程中对小组学习的贡献度、学生个体对知识意义建构的完成度三个维度。

支架式教学法的成功实施需要关注以下方面：第一，教学设计中应着重考虑设置“支架”的时机，教师支架的提供要起到雪中送炭的作用，即支架的出现应该解学生的燃眉之急，帮助学生达到“跳一跳才能够得着”的效果。第二，教学过程中需正确处理不同支架类型的关系，各种学习支架之间不是相互排斥的、孤立的，而是相互补充、取长补短，共同促成学生对新旧知识之间的对接，不断达到最近发展区的边界，靠近第二发展水平。第三，当支架的出现可以帮助学生找到解决问题的思路与方向时，便可将支架逐步移走，给学生留有足够完成自主意义建构的空间。

2. 抛锚式教学（Anchored Instruction）

抛锚式教学又称为情境教学（Situated Instruction），产生于20世纪80年代末，是由美国约翰·布兰斯福特教授项目组提出的一种教学方法。该教学法强调学习应建立在真实事件或解决真实问题的情境中，以此激发学生主动探索、生成性学习的发生，从而形成对事件或问题的内在本质的认识、理解，形成对所学知识的意义建构。在整个教学过程中这一真实事件或问题被形象地比喻为“抛锚”，在某种程度上决定着教学内容、教学方法甚至教学进程。总而言之，抛锚式教学的核心在于将学生置于真实的情境中，通过自我感受、体验完成自身认知结构的发展。其教学环节主要有：

（1）创设情境。创设情境是抛锚式教学的关键环节，强调学生学习活动场景与真实问题产生的场景越接近，学生获得的体验感就会越真实，对学习意义建构才会越成功。

（2）确定问题。抛锚式教学法中的问题就是“锚”，而确定问题的过程就是“抛锚”，换言之，确定问题的实质就是决定教学内容呈现的方式。这一问题在社会生活中出现的可能性越大，学生解决问题的动力就会越大，或问题与所学习主题关系越密切，学生的学生体验感就越强。

（3）自主学习。抛锚式教学法的核心在于“导”，而不是“教”，提倡学习中教师对学生解决问题过程给予的恰当指导，比如指导学生搜索信息的方法与技巧以及对信息的梳理与取舍等，引导学生通过相互协作，主动探索，提升分析问题、解决问题的能力，学会学习。换言之，抛锚式教学法的精髓在于“授之以渔”而不是“授之以鱼”。

（4）协作学习。抛锚式教学法提倡通过师生、生生协作、交流、讨论等活动，帮助学生实现信息共享，修正、完善自我认知，加深对当前问题的理解，从而达到对所学知识的意义建构。

（5）效果评价。与传统考试评价手段不同，抛锚式教学法更强调对学生在学习过程中的表现与变化的评价，主要包括学生的课堂表现、学习过程的专注度、与同伴合作的配合度和小组学习的贡献度等多个维度。同时，强调评价的目的是发现教学过程中某些环节的不足，以便及时改进完善，从而达到促进学生学习的效果。由此，抛锚式教学法的效果评价不需要进行专门的阶段性测验，更多关注对学生过程性的考核，这一点与当前加强学生过程性考核的观点不谋而合。

3. 随机进入教学（Random Access Instruction）

随机进入教学思想主要来源于建构主义学派之一的认知弹性理论。该理论提出从不同角度以多种方式重建自己的知识，以便对变化的情境领域做出适当反应。[①]其聚焦于复杂环境中学习的本质问题，主张认知是有弹性的，需通过多种方式重构知识，以实现提高理解能力和知识迁移的张力。作为建构主义理论指导下发展较为成熟的教学法之一的随机进入教学法，其核心思想是由于事物的复杂性和多变性以及问题的多面性，要想对事物有全面的认识与理解，就应该采用不同视角，全方位建构自身认知以适应不同情境的变化。因此，教学实践中教师需要从教学目的、教学情境、教学活动等层面对同一教学内容进行差异化设计，通过不同的呈现方式，满足学生个性化学习需求，从而帮助学生对所学内容获得较为全面而深刻的理解。与传统教学不同，随机进入教学的最大优势体现在其灵活性和多元化教学设计，即学生可以自由选择多次进入不同情境，通过不同路径对所学内容进行多次重构，加深理解，形成对所学内容的全貌理解与高阶认知，

① 胡谊：《教育心理学——理论与实践的整合》，上海：华东师范大学出版社，2009年，第154页。

实现对所学知识的超越，而不是对所学内容的机械重复与巩固。总而言之，随机进入教学更重视学生学习的主动性和思维发散性的培养，强调学生理解能力、知识迁移能力和创新能力的提升。

随机进入教学的主要环节有：

（1）教学内容：教师应依托教材，分析、选择教学内容，以适应解决结构不良领域中高级学习的问题。

（2）呈现基本情境：强调把抽象的概念与具体应用情境相联系，情境创设应该完整且以真实的问题为背景，减少知识与问题之间的差距。

（3）随机进入学习：通过创设与教学内容主题相关的不同情境，以多模式、多角度、多类别的方式，呈现知识的多种特征，为学生提供"随机进入"学习的不同选择，以引导学生逐步学会自主学习。

（4）合作学习与思维发展：在不同情境下，根据学生需要适时引导学生开展小组讨论、探究性学习，从不同侧面形成对学习内容的全貌认知，培养学生的发散性思维意识与能力，提升学生解决问题的能力。

（5）学习效果评价：学习效果的评价着重关注学生学习目标和学习任务的完成性、学习参与度、学习能力等多个维度，采用自评与互评相结合的方式，对学生学习效果做出较为客观的评价。总之，学习效果评价的目标是做到评价形式的多元化与评价内容的全面性。

由上可见，建构主义理论指导下的教学方法紧紧围绕学习环境中情境、协作、会话和意义建构四大要素展开，既关注情境创设对有效学习的重要作用，又突出学习过程中会话、协作对学生自主学习能力培养不可或缺的作用，更强调学习终极目标的内在本质。三大教学法既有共同点，又有细微差异，各有特色，共同提升了建构主义理论在教学实践中的指导意义与应用价值。

第三节　建构主义与大学英语写作教学

建构主义理论提倡“以学生为中心”，强调学生的主体作用，认为知识是在学生参与互动的过程中主动构建而获得的。作为一门实践性很强的课程，大学英语写作课程教学应充分发挥教师主导、学生主体的作用，“教”“学”并重，才能取得事半功倍的教学效果。学生写作能力的提高需要教师更新教学理念，在写作教学中做好引导者，精心设计教学，为学生有效学习营造良好的写作环境，更需要学生发挥主观能动性，积极探究，勤于反思，在写作过程中升华意义建构，切实提高写作能力。因此，建构主义理论对大学英语写作教学具有积极的指导意义。

一、建构主义理论与大学英语写作教学的耦合

（一）学习过程

传统大学英语写作教学以传授写作知识要点—分析范文—布置课后写作练习的“纸上谈兵式”模式开展课堂写作教学。近年来，该模式制约学生英语写作能力提升的诸多弊端日渐凸显，引起了英语写作教师的普遍关注。建构主义认为知识不会被机械、简单地复制，更不会被动地被接受，需要学生与外部环境相互作用，在互动的过程中，学生才会在已有知识的基础上，不断吸收新信息，通过同化和顺应两个环节的不断转化，实现对新知识的意义建构。建构主义强调学生的主体作用，认为学习就是互动的过程，知识就是互动的产物，要求学生主动参与、积极协作、主动建构。这种建构主义的学习观与写作活动刚好吻合。阿特金森（Atkinson）认为写作活动是一个用语言进行发现的过程，用语言探索我们对知识的感受的过程，也是一个用语言了解世界、评判我们所了解的世界知识及交流我们所了解的世界知识的过程。[①]换言之，写作是一个意义衍生和探求意义的过程。

---

① Dwight Atkinson: L2 writing in the post-process era: Introduction. *Journal of Second Language Writing*, 2003（12）: 3-15.

这个过程不是简单的线性发展，它是大脑立体的、全方位、多角度的非线性活动，是动态的语言表达过程，体现了写作者的观察能力、想象力、语言运用能力、交际能力以及思维创新能力。因此，一方面，教师在大学英语写作教学过程中应精心设计，尽可能创设学习发生的“真实情境”，提供更多的互动机会、更长的反思时间、更大的探索空间，引导学生对所学内容主动发现、分析、理解，培养学生主动建构知识的能力，而不是生搬硬套，简单重复，直接呈现以限制学生的思维。另一方面，学生应主动探索、积极反思，及时对自己所学、所感、所悟做出不断修正，最终获得对所学知识的意义建构，学会学习。简言之，大学英语写作学习的过程是探索求真的过程，在提高写作能力的过程中不断深化意义建构，实现自身逻辑思维能力的升华和认知能力的提升。

建构主义主张“为理解而学习”（learning for understanding）。因此，大学英语写作教学不能只要求学生简单地接受有关写作理论与技巧的陈述性知识、体裁写作特点以及写作规范要求等零碎片面的知识碎片，而应该培养学生建构知识、整合认识、理解知识的能力，最终具备灵活运用所学写作知识进行书面交流的能力。需要注意的是，要求学生提升知识的理解能力并不意味着要求学生接受超出其自身认知水平的知识，而是要提高对知识的领悟能力，在已有经验的基础上实现对知识学习的有效构建，提高其分析、解决问题的能力，学会思考，构建有效认知，从而提高其用英语表达思想的能力。因此，大学英语写作教学要彻底摒弃传统教学模式下“以讲代练”式的知识传授型课堂教学模式，而应该突出大学英语写作课程的属性，采用“读写结合”的“理实一体化”思维能力训练模式，以读写促写、以写促思，在写练结合中培养学生的逻辑思维能力和创新能力，以此培养学生的写作自信，提升写作内驱力，改变学生写作学习的惯性思维，挖掘其主动获取知识、建构意义的潜力，从而提升其语言综合能力。总之，大学英语写作学习过程应该以“产出性学习”为导向，突出“学生中心”“学习中心”，营造有利于激发学生交流欲望、引发深度思考的情境。

（二）教学过程

建构主义强调通过会话、合作等交互方式，形成对所学内容全面、深刻的认识。建构主义理论指导下的大学英语写作教学过程应该是教学并重、师生交互的过程。这种交互包含两个层面：第一，师生之间的互动与交流。一方面，是指在英语教学过程中教师组织头脑风暴、个人展示、小组讨论等多种形式的语言活动，对所学内容进行交流分享，促进学生知识的建构。另一方面，师生交互是指师生间情感、态度信息的交互。这种师生间情感的隐性交互不但可以增强师生之间情感的交流，更有利于促进学生认知结构的发展与自主意义建构的形成。第二，生生之间的互动与交流。也被称为同伴协作，是指学生之间的合作学习。学生之间通过小组讨论、同伴互评、汇报展示等多种互动形式，分享对写作知识的认识，汇报对所学内容的思考与理解，互促互学，营造出写作教学过程中你追我赶、共同进步的学习氛围，以促成学生对知识的意义建构与升华。总之，基于建构主义的大学英语写作教学，学生不但获得了更多的语言实践机会，提高英语语言应用能力，而且激发了学生英语写作的信心，极大提升了逻辑思维能力与自主学习能力。

（三）教师角色

教师在教学中的角色、地位与作用决定着课堂教学组织与实施的方式、方法。首先，教师是整个教学链中的重要一环，也是教与学的中介者。因此，教师既要与时俱进，更新教学理念，不断自我革新，提高自身的专业素质，又要尊重教学规律，教会举一反三，学会学习，做到授人以鱼，更要授人以渔。其次，建构主义认为教师在教学中发挥着主导作用，是教学活动的组织者。因此，教师应该精心设计教学，教学活动要以学生为中心，为学生构建知识意义创设情境，调动学生的积极性，引导学生积极参与教学活动，主动探索，促进意义建构。此外，教师要扮演教学活动中哥伦布式的发现者。教学中教师备课既要备教材、备教法，又要备学生，深入了解学生的情况，针对学生的个体差异，在“教无定法”中发现规律，在“平衡—不平衡—新的平衡”中适时纠错，因势利导，不断增强学生克服学习困难的信心与能力，帮助学生发现问题、解决问题，真正做到因材施教，对症下药。

二、建构主义理论对大学英语写作教学的启示

英语写作能力是学生英语语言知识、能力和思维品质的综合体现，而写作过程是学生语言输出的过程，直接反映了学生分析问题、解决问题的能力。建构主义理论强调学生在学习过程中的主体作用，提倡学生对知识的主动建构。换言之，教师在教学过程中应发挥好主导作用，不但要创设真实情境，设计形式多样的教学活动，把控好教学过程的进度与方向，而且要关注学生自主学习意识和自主学习能力的养成，激发学生发现问题，主动探究问题和积极解决问题，实现对所学知识的意义建构。显然，建构主义的学习观与教学观与写作课程的实践性特点完全吻合。因此，建构主义理论对大学英语写作教学有着重要的启示，主要体现在如下方面：

（一）教师层面

1. 重塑教师角色，更新教学理念

“以教师为中心”的传统教学模式提倡教师是课堂教学的主体。因此，传统写作课堂教学中教师是中心，具有绝对的权威性，最直接的表现便是“教师讲学生听”的“一言堂”写作课堂教学模式普遍存在。这一传统模式的弊端是极大限制了学生的想象，压抑了学生的创新意识和主动性，课堂教学费时费力，效果差。而建构主义倡导以学生为中心的学习。因此，在建构主义理论指导下，重塑教师角色，更新教学理念是改变大学英语写作课堂教学现状，提升课堂教学效果的关键要素之一。教师应该主动识变、积极应变，改变写作课堂教学中知识的传授者、灌输者、课堂活动主宰者的角色定位，做到以下几点：

（1）更新理念，变以教为主的课堂为“以学为中心”的课堂，将课堂

还给学生。

（2）成为赋能课堂教学的领航员，做好教学过程的设计者和组织者，帮助学生创建良好的学习环境，引导学生在课堂互动中完成知识的建构。

（3）做好学习者，提升自身素养，做好学习资源的分拣员，指导学生学会学习，鼓励学生加强写作实践，积极参加小组合作学习活动，协助学生解决写作过程中遇到的疑难杂症，构建师生学习共同体，缩小新旧知识的认知差距，最终达到“教学相长”双赢的课堂教学效果。

2. 创设情境，注重学生思辨能力的培养

建构主义认为情境是知识产生的真实环境，也是学生进行自由探索和自主学习的场所。建构主义强调情境的重要性，认为情境是促进有效学习的重要因素，学生在真实的情境中，通过教师的帮助与支持及自己与同伴的合作与交流，了解、掌握知识在实际生活中的运用，不断更新已有认知并获得新知识，通过自己的主动探索与发现，赋予新知识新的内涵与意义，不断将自己的认知发展推向更高水平。因此，建构主义指导下的大学英语写作教学，教师应该从学生的视角、学习的视角，以解决问题为切入点，创设有利于促进学生知识建构的真实情境，帮助学生实现新旧知识的对接，引导学生学会学习，获得对所学知识的意义建构。另外，大学英语写作教师还应基于语言应用实际，巧设写作任务，启发学生质疑、分享观点，将课堂互动推向深入，激发学生的表达欲望，在“你来我往”的交互中，培养学生的思辨意识，提升表达能力。

3. 因材施教，注重个体差异

建构主义强调以学生为中心。换言之，学生是认知主体，在教学活动中处于主体地位，发挥着主体作用，兼具主动性与个性化特征。因此，建构主义理论指导下的大学英语写作教学的起点应该以学生为中心，基于学情，丰富教学资源，满足学生个性化学习需求。首先，教师应该提供多元化教学资源，满足不同学生知识建构的需求。其次，教师应设计独立探索、合作学习、小组讨论、教师辅导等多样化协作形式，帮助学生从不同侧面了解、深化所学知识，构建较为全面的认知结构。再者，教师应尊重学生的差异性。学情不同，学生学习效果也不同，教师应关注、观察学生在学习过程中的反馈，及时调整授课内容和方法，对学生认知结构建构过程中遇到的问题给予恰当的干预，帮助学生梳理完成意义建构，做到因材施教，提高整体教学效果。

（二）学生层面

1. 学会自主学习，加强个人积累

建构主义主张学生是学习的主体，提倡自主学习、主动建构新知，指出知识不能被简单传递、直接灌输。因此，对于学生来说，要想提高自身的英语书面表达能力，应做好如下几个方面：首先，要树立自主学习意识，学会自主学习。换言之，要树立坚定的学习信念，明确学习目标，提高自身英语语言知识建构的主动意识与能力。其次，英语写作能力作为学生英语语言知识、能力和思维品质的综合体现，学生需要根据学习内容，灵活调整学习方法，注重词汇、句法等语言基础知识的积累，掌握基本的写作技巧和方法，在理解写作知识的基础上主动探索，通过反思将新旧知识建立联系，形成有效对接，从而达到赋予旧知以新含义、成功建构新意义的学习目的。

2. 学会合作学习，促进写作能力提升

建构主义强调社会性、交互性在学习中的作用，认为学生与周围环境的交互作用对知识的建构与理解至关重要。换言之，个人的认知是社交活动的直接结果，而合作学习的意义正在于此。合作学习是一种社交活动，也是社会过程，与所处不同环境中的人均有着密切的联系[①]，如，小组成员之间相互合作、沟通可以促进学习，从而实现共同目标，有利于学生更加高效地实现意义建构与认知发展；小组成员相互讨论、争议，可促进学生

① 韦储学：《建构主义理及其对大学英语写作教学的启示》，《高教论坛》，2008年第6期。

不断反思，对所学知识的认识与所遇问题的解决思路会越来越清晰，并不断对已有经验观念重组、更新，甚至超越，形成对新知更加全面、深层次的理解，在反复循环中促进自己知识建构能力的提高。因此，学生应该抓住机会与他人交流观点、分享认识，争议和辩论都会极大促进自身学习的意义建构。因此，学生应从自我层面认识到合作学习、交流分享的重要性，积极主动地参与到师生、生生交流互动中，通过自我展示、分享见解以及表达观点等方式，在相互借鉴中增强自身写作学习的自信心，通过课堂内外师生、生生学习共同体，共同协作解决学习过程中的痛难点以拓宽知识面，完善认知结构，促进彼此认知能力和写作能力的提升。

2

第二章

大学英语写作教学与研究现状

写作教学作为大学英语教学的重要组成部分，不论在理论层面还是社会实践中，其重要性是显而易见的。随着对外交往的不断深入，英语写作的重要性受到越来越广泛的关注，从某种意义上讲，英语写作能力是个人语言能力的综合体现，对于个人的发展与社会竞争力的提升影响深远。本章主要围绕大学英语写作教学与研究，从纵横两个维度梳理大学英语写作教学之发展脉络，以期找寻新时代背景下大学英语写作教学改革之路径。

第一节　大学英语写作教学现状

我国大学英语教学经历了 40 多年的发展，取得了长足的进步，成绩显著。探究大学英语写作教学改革与发展离不开对《大学英语教学大纲》《大学英语课程教学要求》《大学英语教学指南》等大学英语教学纲领性文件演进历程之回顾与梳理。从 1979 年恢复大学英语教学至今，作为大学英语教学思想载体的纲领性文件历经数次修订完善，是我国大学英语教学改革与发展的航向标，指引着我国大学英语教学改革前进的方向。本节以大学英语教学纲领性文件为切入点，从大学英语写作教学发展回顾、常用教学方法、大学英语写作教学之不足和影响因素四个方面梳理大学英语写作教学之现状。

一、大学英语写作教学发展回顾

（一）大学英语写作教学目标

1. 1985 年、1986 年《大学英语教学大纲》

20 世纪 80 年代以来，随着改革开放步伐的加速，迅速发展的社会经济对高等教育提出了更高的要求，对外语人才获取科技信息能力的需求日益强烈。为此，大学英语教学受到了前所未有的广泛重视。在此背景下，1985 年、1986 年先后发布的两份《大学英语教学大纲》（以下简称《大纲》）标志着我国大学英语教学步入“受国家教育部门关注与领导、有统一的纲领性文件指导和约束的稳步发展时期”[①]。两份《大纲》指导思想一致，均指出大学英语教学目的是夯实学生语言基础知识，培养学生英语语言交际能力。两份《大纲》的核心要点如表 2-1 所示。

表 2-1　1985 年、1986 年《大学英语教学大纲》核心要点

教学目的	夯实学生语言基础，培养学生较强的阅读能力，使学生具有以英语为工具，获取专业所需信息的能力
教学重点	突出语言基础知识
培养目标	重点培养学生的交际能力，既关注学生句子层面的语言训练，又要发展学生语篇水平的交际能力
课堂教学要求	实施分级教学。基础阶段共分 6 级，修完第 4 阶段达到基本要求，修完第 6 级则达到较高水平

1986 年《大纲》是我国第一部较为完整详尽的大学英语教学指导性文件，《大纲》将大学英语教学要求分为基础阶段和专业英语阶段，其中基础阶段又分为一至六级，根据学生入学英语水平的不同，基础阶段的教学要求包括基本要求和较高要求两种，基本要求需达到四级水平，较高要求需达到六级水平。关于基础阶段对于写作能力的具体要求见表 2-2。

表 2-2　1986 年《大学英语教学大纲》基础阶段写作能力要求[②]

能力	基础阶段	
	基本要求	较高要求
写作能力	按照要求，能在半小时内写出 100~120 词的短文，内容连贯，无重大语法错误	按照要求，能在半小时内写出 120~150 词的短文、文章摘要等，文理比较通顺

这一时期我国大学英语教学正处于由起步逐渐迈向跨越式发展阶段，

① 谢邦秀：《中国大学英语教学大纲介评》，《北方论丛》，2001 年第 5 期。

② 大学文理科英语教学大纲修订组：《大学英语教学大纲》，上海：上海外语教育出版社，1986 年，第 1 页。

存在教学资源相对缺乏、教学要求较低、语言输入路径单一等不足。因此，大学英语教学的主要目的在于培养学生的阅读能力及以此获取专业信息的能力，以期满足经济建设和科技发展的需求。简言之，这一时期大学英语教学的层次较低，基本读懂英语即可满足社会需求。因此，《大纲》将学生阅读能力的培养放在第一层次，听、译能力的培养放在第二层次，写和说的能力放在了第三层次。从表 2-2 可见，大纲对英语写作能力的要求不但有定性的描述，也从难易程度、时间、字数等几个方面做了定量的规定，从中不难发现与大学英语四、六级写作要求的相似之处。由此可见，大学英语教学的指导思路是以学生阅读能力提升为中心，重在培养学生的信息获取能力。这一指导思想虽为改革开放过程中科技发展做出了贡献，但也暴露了大学英语教学在人才培养中的问题，"哑巴英语"和"聋子英语"现象普遍存在[①]，教学改革亟待加强。

2. 1999 年《大学英语教学大纲》

20 世纪 90 年代，我国高校开始扩招，大学英语教学进入了跨越式发展阶段。为适应改革开放不断深入发展的形势，教育部采取了一系列措施，鼓励开展双语教学，借助多媒体技术的优势，推动多媒体计算机辅助教学改革。在分析需求、多方调研的基础上，1999 年版《大学英语教学大纲（修订版）》（以下简称 1999 年《大纲》）终于问世了。1999 年《大纲》是大学英语教学目标和要求第一次在全国范围内的统一，标志着我国大学英语教学改革迎来了第二次高潮。1999 年《大纲》的教学目的明确指出"培养具有较强的阅读能力和一定的听、说、写、译能力，使他们能用英语交流信息"，[②]强调大学英语教学应夯实学生语言基础，注重语言学习方法和文化素养的重要性。1999 年《大纲》规定大学英语教学四年不断线，按照大学英语开课时间将大学英语教学分为基础阶段（第一至第四学期）和应用提

① 刘悦明，卢仁顺：《大学英语教学大纲新框架解读》，《北京第二外国语学院学报》，2015 年第 2 期。

② 《大学英语教学大纲》修订工作组：《大学英语教学大纲》修订本，北京：高等教育出版社，1999 年，第 1 页。

高阶段（第五至第八学期），其中基础阶段的教学要求分为基本要求和较高要求两种，评价标准分别为四、六级考试。1999 年《大纲》基础阶段对于英语写作能力的教学要求见表 2-3。

表 2-3　1999 年《大学英语教学大纲》基础阶段写作能力要求

能力	基础阶段	
	基本要求	较高要求
写作能力	能在阅读难度与课文相仿的书面材料时做笔记、回答问题、写提纲，能就一定的话题或提纲在半小时内写出 120~150 词的短文，能写短信和便条，表达意思清楚，无重大语言错误	能在阅读难度与课文相仿的书面材料时做笔记、回答问题、写提纲和摘要，能就一定的话题、提纲、表格或图示在半小时内写出 150~180 词的短文，能写日常应用文（如信函、简历等），内容完整，条理清楚，文理通顺

应用提高阶段的教学要求分为专业英语（Subject-based English）和高级英语（Advanced English）两部分，其对写作能力的具体要求见表 2-4。

表 2-4　1999 年《大学英语教学大纲》应用提高阶段写作能力要求

能力	应用提高阶段	
	专业英语	高级英语
写作能力	能在阅读有关专业的书面材料时做笔记、写提纲、写论文摘要和论文简介等，能在半小时内写出 150~180 词的有关专业内容的短文或信函。文理基本通顺，表达意思清楚，无重大语言错误	能在阅读难度与课文相仿的书面材料时做笔记、回答问题、写提纲和摘要，能在半小时内就一定的话题、提纲、表格或图示写出 180~200 词的短文，能写报告、评论、发言稿和日常应用文等，内容完整，文理通顺，表达思想清楚

由表 2-4 可知，1999 年《大纲》对于英语写作能力的要求有如下特点：第一，对英语写作能力的要求有着鲜明的四、六级写作评价特征。第二，写作能力是基于阅读能力的更高要求，只有读得懂，才能写得出。第三，写作能力是英语应用综合能力的体现，不但包括语言知识，还关乎内容与

思想。第四，写作能力培养的落脚点在于英语语言的应用，更加强调是否可以用英语在不同的场景下以书面的形式进行无障碍交流。从整体来看，1999 年《大纲》有如下三大亮点：首先，强调了大学英语教学在打好语言基础的前提下，要重视学生知识的宽度与厚度的培养，关注语言与文化的关系，要学会借鉴和吸收外国文化精华，提高自身文化素养。其次，强调阅读能力在大学英语教学中的重要作用，但同时提出要正确处理阅读与听、说、写、译各项技能的关系，在大学英语教学中要根据学生学情特点，做到各种技能的协调发展，以达到相辅相成、相互促进的效果。再者，强调网络、多媒体课件等现代化教学手段的充分利用，通过开展口语交流、英语沙龙、演讲赛、辩论赛等形式的第二课堂英语活动，为学生创设更多说英语、用英语的机会和情境，营造良好的语言学习环境，课内外联动助推大学英语教学效果的提升。但也有学者指出 1999 年《大纲》把阅读放在第一层次是落后于时代的“一个主要表现”“只看到了被动输入，没有看到主动输出的巨大作用”。①

3. 2004 年《大学英语课程教学要求（试行）》

20 世纪末的高校扩招开启了我国高等教育大众化的进程，为了深化教学改革、提高教学质量、适应 21 世纪我国高等教育发展的新形势，2004 年《大学英语课程教学要求（试行）》（以下简称 2004 年《要求》）应时而生，大学英语教学改革的号角在全国范围内再次吹响。2004 年《要求》第一次明确了大学英语教学的性质，即高等教育的有机组成，并且明确了大学英语课程的定位，既是一门基础课程，更是拓展知识、理解世界文化的素质教育课程。2004 年《要求》指出大学英语教学的目标是“培养学生的英语综合应用能力，特别是听说能力”②，强调要加强学生英语口笔头交流能力的培养，学生自主学习能力和综合文化素养的重要作用，明确大学英语教

① 吴一安：《走出英语教学的误区》，《外语教学与研究》，2002 年第 6 期。

② 大学英语教学基本要求项目组：《大学英语课程教学要求（试行）》，上海：上海外语教育出版社，2004 年，第 1 页。

学要为社会发展和国际交流需要服务。2004 年《要求》坚持分类指导、因材施教，以满足学生个性化学习的需求，第一次通过定性和定量相结合的方式对大学英语教学目标进行了清晰的描述，并将大学英语教学要求细化为一般、较高和更高三个层次，内容涵盖语言知识、应用技能、学习策略等多个维度。2004 年《要求》中对于三个阶段英语写作能力的要求见表 2-5。

表 2-5 2004 年《大学英语课程教学要求》三个阶段写作能力要求

能力	教学要求		
	一般要求	较高要求	更高要求
书面表达能力	能完成一般性写作任务，能描述个人经历、观感、情感和发生的事件等，能写常见的应用文，能就一般性话题或提纲在半小时内写出 120 词的短文，内容基本完整，用词恰当，语意连贯。能掌握基本的写作技能	能就一般性的主题基本表达个人观点，能写所学专业论文的英文摘要，能撰写所学专业的英语小论文。能描述各种图表，能在半小时内写出 160 词的短文，内容完整，条理清楚，文理通顺	能就一般性主题比较自如地表达个人的观点，做到文章结构清晰、内容丰富、逻辑性强。能用英语撰写所学专业的简短的报告和论文。能在半小时内写出 200 词的说明文或议论文，内容完整，文理通顺，思想表达清楚

2004 年《要求》对引领和推进我国大学英语教学改革起到了重要作用①，无论是思想理念，还是教学内容、呈现方式等方面均是一份崭新的文件，主要体现在如下方面：第一，明确提出大学英语教学改革要实现四个转变，即教学观念的转变、教师角色的转变、学习方法的转变和教学管理体制的转变。第二，重视学生语言听说能力的培养，特别强调用英语进行口头和书面交流的能力，强调语言的交际性和实用性，适应社会交流的需要。第三，强调分类指导、分层教学，关注学生自主学习能力的培养和个性化学习方法的养成，以促进学生个性化发展。第四，开始关注计算机辅

① 戴炜栋，胡文仲：《中国外语教育发展研究（1949—2009）》，上海：上海外语教育出版社，2009 年，第 455 页。

助英语课堂教学，提倡将传统课堂教学与基于网络的教学相结合，拓展大学英语课程的宽度，充分考虑学生文化素养和国际文化知识的输入。因此，2004 年《要求》体现了鲜明的建构主义教学理念，提倡以“学生为中心”，在试点实施的基础上，于 2007 年在全国范围内推广并全面实施，大学英语教学改革踏上了新征程。

4. 2020 年《大学英语教学指南》

随着中国越来越频繁地参与国际事务，国家对集创新型、技术型于一体的国际人才需求不断增加，为了全面贯彻全国教育大会精神、进一步深化大学英语教学改革，根据《关于加快建设高水平本科教育全面提高人才培养能力的意见》和《关于全面提高高等教育质量的若干意见》文件精神，2020 年 10 月 18 日《大学英语教学指南》（以下简称 2020 年《指南》）在北京发布，标志着新时代大学英语教学改革踏上了新征程。2020 年《指南》指出大学英语教学目标是“培养学生的英语应用能力，增强跨文化交际意识和交际能力”[①]。同时，强调学生要学会学习，提升自主学习能力和综合文化素养的重要作用，指出大学英语学习不但要满足社会发展需要，更要实现个人的成才、成长。2020 年《指南》基于人的社会认知，强调人文精神和思辨能力的培养，体现了面向国家、学科和个人发展的课程取向，教学目标分为基础、提高和发展三个等级，体现了因材施教，确保学生个性化发展需求。2020 年《指南》对大学英语写作能力的目标描述如表 2-6 所示。

表 2-6　2020 年《大学英语教学指南》写作能力要求

级别	写作表达能力
基础目标	能用英语描述个人经历、观感、情感和发生的事件等；能写常见的应用文；能就一般性话题或提纲以短文的形式展开简短的讨论、解释、说明等，语言结构基本完整，中心思想明确，用词较为恰当，语意连贯。能运用基本的写作技巧

① 教育部高等学校大学外语教学指导委员会：《大学英语教学指南（2020 版）》，北京：高等教育出版社，2020 年，第 5 页。

续表

级别	写作表达能力
提高目标	能用英语就一般性主题表达个人观点；能撰写所学专业论文的英文摘要和英语小论文；能描述各种图表；能用英语对未来所从事工作或岗位职能、业务、产品等进行简要的书面介绍，语言表达内容完整，观点明确，条理清楚，语句通顺。能较好地运用常用的书面表达与交流技巧
发展目标	能以书面英语形式比较自如地表达个人的观点；能就广泛的社会、文化主题写出有一定思想深度的说明文和议论文，就专业话题撰写简短报告或论文，思想表达清楚，内容丰富，文章结构清晰，逻辑性较强；能对从不同来源获得的信息进行归纳，写出大纲、总结或摘要，并重现其中的论述和理由；能以适当的格式和文体撰写商务信函、简讯、备忘录等，能恰当地运用写作技巧

大学英语教学经过21世纪20多年的改革与实践，秉承传承与创新的思想，更加强调“以人为本”的教育理念，注重人的全面发展和综合素质提升，更加关注英语学习的自主性、移动性、随时性等特点，正如何莲珍教授所言，2020年《指南》具有五大亮点：第一，首次提出大学英语教学应主动融入学校课程思政教学体系，强调文化自信与价值导向，使之在高等学校落实立德树人根本任务中发挥重要作用。第二，有机融入《中国英语能力等级量表》相关内容，并参照《中国英语能力等级量表》对相关级别的语言能力进行描述。第三，大学英语教学内容要有机融入社会主义核心价值观和中华优秀传统文化，体现新时代思想，体现党和国家对教育的基本要求，强调人文性与工具性的有机统一，从而为培养具有国际视野、家国情怀的高素质人才提供有力支撑。第四，强调信息技术赋能教学的重要性，倡导要利用智能化教学手段，积极创建多元化智慧教育环境，建设和使用国家级、省级一流课程，共享优质教学资源，加大课堂教学改革，全面实施线上线下混合式教学，实现因材施教，“授人以渔”的教学效果。第五，对大学英语教师提出育人、学科、教学、科研和信息素养五个方面的素养提升要求。2020年《指南》是新时代普通高等学校大学英语教学改革与发展的纲领性文件，也是各高校大学英语教学大纲制订、课程建设和

教学实施与评价的重要依据，标志着大学英语教学实现了质的飞跃。

综上所述，从三份纲领性文件的演进历程不难发现，我国大学英语教学目标经历了三次重大转变：第一，发展学生阅读能力，以提高学生的信息获取能力。第二，重点培养学生的语言基本技能，尤其侧重学生听说能力的提升。第三，关注学生语言能力的全面提升，做到听、说、读、写、译全面发展。从中不难发现，40 多年来，社会经济的飞速发展对大学英语教学要求越来越高，这一要求无疑极大地推动了大学英语教学改革，促进了学生英语能力提升；反之，大学英语教学目标的不断升级也对我国社会、文化、教育、经济等各个领域的发展做出了不可替代的贡献。党的十八大以来，中国特色社会主义进入新时代，在新的历史时期，大学英语教学担负着新的使命。在此背景下，如何定位大学英语教学目标，培养具有家国情怀、国际视野，能讲好中国故事的外语人才是大学英语教学改革的新方向。作为最为重要的输出技能之一，最能体现学生语言综合素养的大学英语写作教学又该何去何从，为实现大学英语教学总体目标，对“培养用英语传播中国故事的语言服务人才目标”做出积极的回应是新时代全体大学英语写作教师值得深入探究的新命题。

（二）大学英语教学方法、手段

1999 年《大学英语教学大纲》没有将教学方法与手段作为大纲独立的部分，而是作为“教学中应该注意的几个问题”这一模块一个方面的内容，强调教师应根据教学对象学情的不同，灵活运用合适的教学方法，但也指出课堂是语言实践的主要场所，教师应充分利用课堂教学，加强学生语言技能，特别是听说、阅读能力的培养，引导学生主动参与，积极实践，养成良好的学习习惯，提高自主学习能力。

2004年和2007年《大学英语课程教学要求》指出随着计算机、网络等信息技术的兴起，大学英语教学模式开始发生转变，即由教师讲授为主的传统课堂教学模式转向了“以学生为中心，以教师为主导”的多媒体教学模式。在计算机、网络信息技术的辅助下，此时的大学英语教学突破了时空限制，教学方法朝着个性化方向发展，具备实用性和多元性的显著特点，教师的主导作用和学生的主体地位得到进一步凸显。

2020年《指南》指出教学方法与教学手段直接影响教学效果与质量，大学英语教学应根据教学内容，在考虑个体差异的基础上，灵活采用任务式、合作式、项目式、探究式等教学方法，引导学生掌握学习策略，学会学习，促使学生从“被动学习”向“主动学习”转变，提高学习效率。同时，2020年《指南》强调教师要与时俱进，不断提升信息技术使用意识与能力，在大学英语教学中大力推进信息技术与课程教学的融合，在课堂教学设计与实施过程中善用信息技术元素，通过引入优质教学资源和建立网上交互学习平台等，拓展教学内容，实施翻转课堂等混合式教学模式，促进学生主动学习、自主学习能力的提升，教会学生学习。

纵观大学英语教学理念与方法的历时发展，大学英语教学从课堂传授为主逐步过渡到计算机和网络辅助教学，再到现阶段盛行的微课、慕课、翻转课堂等混合式教学，教学模式不断拓展，对新技术、新方法的利用越来越普遍（见表2-7），但无论教学方法、手段如何不断演进，课程教学效果的提升和学生英语综合能力的提高始终都是大学英语教学改革亘古不变的目标。

表 2-7　大学英语教学理念、教学方法之变化

《大纲》《要求》《指南》	教学理念	教学方法
1986 年版	以教师为中心	传统教学法（语法翻译教学法）
1999 年版	以教师为中心向以学生为中心理念的过渡期	传统教学法和情景教学法等教学法相结合
2004 年版	以教师为主导、学生为主体	传统教学法和交际教学法、任务型教学法相结合
2017 年版	以学生为中心、教师为主导	以学生为中心，基于课堂和在线课程的翻转课堂等混合式教学模式
2020 年版	以学生为中心、教师为主导	研讨式、合作式、翻转课堂等混合式教学模式

（三）大学英语教学评价

教学评价是在一定的评价理论指导下，对教学活动质量所做的测量和评定，是保证和提高教学质量的关键因素。在某种程度上，大学英语教学评价直接影响和决定着我国大学英语教学的整体质量。下文以我国不同时期大学英语教学大纲、大学英语课程教学要求和教学指南为研究对象，通过梳理各文件中教学评价的历时变化，从中窥见大学英语写作教学评价的发展逻辑，认识大学英语课程教学评价内涵与发展趋势。

1. 名称的变化

1986 年《大纲》和 1999 年《大纲》中的评价部分标题都用“测试”一词来表示对大学英语教学的评价，实指考试。1986 年《大纲》中的考试特指期末考试。1999 年《大纲》指出测试是获取教学反馈信息的主要依据，并且明确考试的命题可以学校单独完成，也可采用校际联考或全国统一考试等多种形式，但两份大纲中的测试均是指终结性考试，包括期末考试、试题库测试和全国大学英语四、六级考试。

2004 年《要求》使用“教学评估”作为标题，代替之前的“测试”，指出教学评估包括形成性评估和终结性评估，不仅对于教师获取教学反馈、改进教学具有重要的作用，也对学生学习策略调整、学习方法改进和学习效率的提高意义重大。2004 年《要求》强调不论采用何种形式的评估，均应突出对学生实际语言交际能力，特别是口头和书面表达能力的考核，以此检测教学目标的达成度。教学评价从“测试”到“教学评估”的变化反映了学界对于教学评价形式单一化、局限性的不满，开始关注学生学习过程的评价与考核并将其作为教学评价的重要组成。

2020 年《指南》使用“评价与测试”作为标题，指出评价与测试是检验教学质量的重要手段，要求大学英语课程建立科学的评价与测试体系，通过对课程设计、教学目标、教学方法和手段、教学内容等多个维度综合分析，推动大学英语教学改革与发展的不断深化。《指南》要求大学英语课程综合评价体系应以学校内部评价为主，多样化的外部评价为辅，兼顾学校、地区、学生差异，开展分层分类课程评价。综上所述，由《指南》名称的变化可以看出大学英语课程评价是一个系统工程，不仅仅包括学生的“学”和教师的“教”，还涉及课程教学的多个要素和各个环节，内涵丰富，内容更全面。同时，这一变化也反映了学界对评价目的的新认识，即教学评价除了关乎学生学习考核之外，还应包括对教师教学态度、教学手段、教学方法、教学内容、教学组织和教学效果等各个教学层面的考核。至此，教学评价开始由学生的单项考核转向教师、学生的双向考核，不但关注学生语言应用能力的提高，而且更加强调教师教学水平的提高。

2. 评价功能的变化

纵观近 40 年大学英语教学发展历程，其评价功能实现了质的飞跃，由开始以检测、鉴定为主的单一功能发展为导向、激励、鉴定、决策等多重服务功能。1986 年《大纲》明确指出评价是检查学生语言水平的重要手段；2004 年《要求》指出评价是大学英语课程教学的重要环节，对教学效果与学习效率提升意义重大；2020 年《指南》则指出评价应建立完善体系，发挥其对大学英语教学的多重功能，实现从传统的“对课程结果的终结性评价”向“促进课程发展的形成性评价”转变，发挥测试对教学的正面引导作用，使之更好地为教学提供诊断和反馈信息。

3. 评价主客体的变化

1986 年和 1999 年《大纲》中的评价主体是大学英语教师和教学管理部门；2004 年《要求》中虽然提到了学生互评，但教学质量评价的绝对主体仍是教师和教学管理部门，对学生“评教”和“评管”并未给予应有的关注。但 2020 年《指南》对评价主体有了新的认识，主体数量发生明显的变化，不但包括大学英语教学的专家机构、教学管理部门、教师，还包括学生、用人单位。首次确立学生和用人单位在教学评价中的主体地位，意在构建教师、学生、管理者、社会相关机构等多主体共同参与、相互作用的评价体系。

从评价客体来看，对于学生学习效果的评价始终是大学英语教学评价的重点。1986 年《大纲》明确指出教学评价旨在检测学生英语基础及语言运用能力，2004 年《要求》首次将形成性评价作为教学评价的有机组成，尽管评价形式呈现多样性的特点，但从评价对象来看学生学习仍然是评价重点。2020 年《指南》从“教”的视角出发，明确提出大学英语评价应该涵盖课程教学的各个环节，评价指标应涉及课程设计、教学目标等维度。至此，大学英语教学评价发生了质的飞跃，评价客体不但关注学生学习能力及效果的观测并且将评价重点转向了教师的教，教学评价综合体系日趋完善。具体评价主客体变化见表 2-8。

表 2-8　评价主客体变化之比较

类　别	1986 年、1999 年	2004 年	2017 年、2020 年
评价主客体	评价主体：教师、教学管理部门 评价客体：学生	评价主体：教师、教学管理部门、学生 评价客体：学生	评价主体：教学管理部门、专家机构、教师、学生、用人单位 评价客体：教师和学生

4. 评价内容变化

1986 年《大纲》将学生的语言基础作为考试评价的唯一内容，评价观测点主要包括准确性、流利度等维度。1999 年《大纲》指出按照基础阶段和应用提高阶段两个阶段分别出题，将学生的语言基础和语言应用能力作为评价教学质量的主要内容。2004 年《要求》除了强调对学生听说能力的考核，还要求关注学生的自主学习能力和交际能力，并且将学生的学习过程纳入考核范围。2020 年《指南》提出不仅要对教师的“教”和学生的“学”进行终结性和形成性评价，还要评价课程设计、教学管理等方面，极大丰富了教学评价的内容。综上所述，大学英语教学历经 40 年的改革实践，在教学评价层面发生了显著变化，评价导向从“教”转向“学”，评价内容从关注学习结果转向学习过程、结果并重，评价指标由单一教学要素转向教学全过程。至此，大学英语教学形成了全面化、立体化的评价体系。

5. 评价形式变化

评价形式实现了由单一终结性评价到多维、立体化评价体系的日趋完善。1999 年《大纲》指出测试是检查教学质量的有效手段。因此，要求基础阶段和应用提高阶段结束时，通过学校自行命题、试题库测试或全国统一考试等形式组织考试。2004 年《要求》首次提出了形成性评价与终结性评价相结合的评价模式，建议采用课内外活动、学习档案、访谈等丰富多样的形成性评价方式对学生学习过程进行客观描述，促进有效学习，而终结性评价仍以期末考试和水平考试为主。2004 年《要求》描绘了朦胧的评价体系框架，但并未对其内容及意义进行清晰的描述。与 2004 年《要求》不同，2020 年《指南》明确要求大学英语课程应建立科学的评价与测试体系，以此形成对大学英语课程实施与管理的有效反馈，实现提高大学英语教学质量和学生应用能力的目的，提出大学英语课程评价应以促进课程发展的形成性评价为主，强调形成性评价的主体地位。除此之外，2020 年《指南》对大学英语课程评价目标、内容及评价的主客体提出了详细的指导性意见。

综上所述，通过对大学英语教学纲领性文件之纵横向比较发现，大学英语教学历经 40 年的发展，纲领性文件名称从最初的《大学英语教学大纲》到《大学英语课程要求》《大学英语教学指南》历经数次变化，其组成从教学性质和目的、教学要求、课程设置、教学模式、教学评估和教学管理等方面内容日趋完善，说明指导作用日趋清晰。在此背景下，大学英语教学发生如下变化：大学英语教学由执行刚性要求转向弹性实施，大学英语教学中学校、教师的创造性作用得到前所未有的关注并充分发挥；大学英语教学的关注点由“教师的教”开始转向“学生的学”，培养学生“学会学习”成为大学英语教学的焦点；大学英语教学重要性日益凸显，从培养学生英语知识和技能的需求提升到对未来社会国民素质要求的战略高度。

二、大学英语写作教学常用教学方法

大学英语写作教学随着大学英语教学改革与发展的进程推进，虽较为缓慢，但也紧跟时代要求。随着改革开放以来我国经济发展和国际交流的需要，写作能力在交际活动中的重要作用受到了学界外语教师的普遍关注，自此各种教学方法如雨后春笋般涌入大学英语写作教学实践。

（一）结果教学法

结果教学法（Product Approach）盛行于20世纪五六十年代，在西方英语写作教学领域占据主导地位。结果教学法是一种基于行为主义理论的写作教学观，因认为写作与词汇、句法和衔接手段的正确使用相关，强调学生遣词造句的能力，认为写作应该从句子写作入手，加强句子排列组合，由句到段进行谋篇布局，最终写出正确的作文，被认为是“以结果为导向”的写作教学模式。结果教学法认为写作教学可遵循以下四个环节：

1. 熟悉范文（Familiarization）

教师根据教学目标，选择范文进行讲解，重点分析其修辞、语法规则、句子结构和写作技巧等语言形式特点。

2. 控制性练习（Controlled Writing）

在熟读范文的基础上，通过精选另一篇针对性范文，要求学生就范文的词、短语、句子等进行替换练习。在教师的指导下，学生通过反复指导性写作实践逐步形成对段落、篇章写作的认识与理解，掌握写作的基本知识与方法。值得肯定的是，在写作的初级阶段，控制性练习对于初学者来说，写作提升效果较为明显。

3. 指导性练习（Guided Writing）

在教师的指导下，学生使用经过训练后掌握的词、句进行模仿性写作。为了激发学生写作的主体作用，这一阶段的练习教师控制性指导明显减少，写作练习多采用续写、上下文补充写作等形式，允许学生在写作内容与语言形式方面有所创新，给予学生独立思考和创作的空间。

4. 自由写作（Free Writing）

在此阶段，学生按照教师布置的写作任务，将所学写作知识与技巧用于实际写作活动，自由发挥想象，表达思想，完成写作任务。

该教学方法历经半个多世纪的发展与实践，直至现在仍然受到部分教师的青睐，是一种使用较为广泛的写作教学法。其主要特点有：一是，写作教学过程被简单地看作是一个“刺激—反应—巩固”的过程，即教师根据教学需求给予刺激，而学生则根据教师要求做出机械反应的过程。二是，强调教师对于范文的讲解与模仿，更多关注学生写作结果——作文质量的好坏。三是，写作过程基本围绕“教师命题—学生仿写—教师评价”的方式进行，整个过程过多依赖于教师指导，缺少师生、生生互动。因为缺乏学生主动思考和创作的空间，学生写作兴趣不高。四是，写作实践中过多关注语言形式，忽视了内容与观点的表达。因此，学生作文普遍结构完整、语句通顺，但内容空洞、言之无物。学生写作内驱力不足，作文千人一面，缺少真情实感，难以引起读者共鸣，达不到通过写作交流的目的，从而导致学生为了写而写，创造性思维能力得不到培养和写作能力难以提高的困局。

（二）过程教学法

20 世纪 70 年代初，随着一系列写作教学理论研究的不断深入，写作教学从关注写作结果逐渐转向关注过程，过程教学法（Process Approach）应运而生。20 世纪 80 年代，过程教学法得到了普遍推广。过程教学法基于社会认知理论（与结果教学法的区别见表 2-9），认为写作是一种复杂的心理认知过程和社会交互过程，包含写作者个体心理内在交互和写作者与读者、社会的交互两层含义，以此促进写作者自身的认知能力和交互能力的发展。简言之，写作是创造性认知过程，具有社会性，而不是个人行为。基于此方法的写作课堂教学重点聚焦于学生的写作过程和写作能力，强调学生主观能动性在写作过程中的重要作用，指出通过写作过程学习写作，帮助学生了解写作过程，发现和理清写作意义，从而实现用英语准确表达思想的目的。因此，过程教学法的课堂教学特点是教师是课堂的组织者、监控者，而不是彻底的支配者。学生是课堂的主体，自始至终积极参与课堂，在交流与思考中形成观点。

关于写作过程的步骤，不同研究者对过程教学法的实施步骤有不同的描述，如克斯（Guth）认为写作过程可分为触发、收集材料、成文、修改和编辑等五个环节[①]；而肯尼斯（Keh）则认为过程教学法包括输入阶段（input）、写初稿（write the first draft）、同学互评（peer-evaluation）、撰写二稿（write the second draft）、教师评阅（writing workshops）、师生交流（teacher-student sessions）和定稿（final draft）七个步骤[②]。综合以上学者观点可知，过程教学法下写作过程至少应该包括写前准备阶段、初稿撰写阶段、修改阶段和编辑成文四个阶段且各阶段之间不是简单的线型排列，而是循环往复且多维度的立体交叉的过程（如图 2-1）。

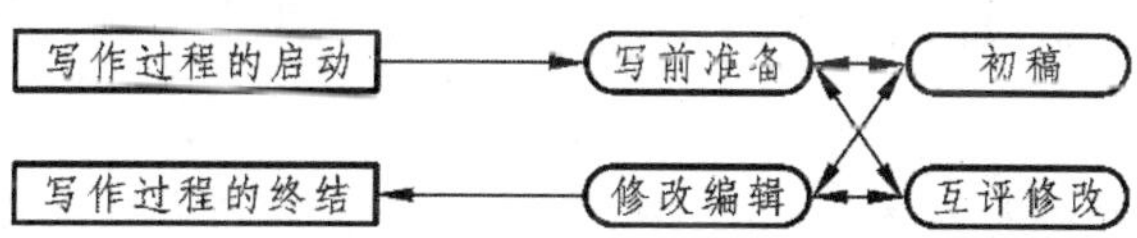

图 2-1　过程写作四阶段的关系

表 2-9　结果教学法与过程教学法的区别[③]

类　别	结果教学法	过程教学法
对写作的本质认识	写作是结果	写作是过程
写作中教师与学生的作用	教师主导：既是读者又是裁判	学生中心：学生既是读者又是作者

① Guth Hans P.: *The Writer's Agenda: The Wadsworth Writer's Guide and Handbook*. California: Wadsworth Publishing Co., 1989, p.89.

② Keh C. L: Feedback in the writing process: A model and methods for implementation. *ELT Journal*, 1990（44）: 294-304.

③ 李金红:《国外主流写作理论对我国外语写作教学的启示》,《国外外语教学》, 2006 年第 2 期。

续表

类　别	结果教学法	过程教学法
写作任务	强调句子写作为基础	注重篇章整体谋篇布局
写作步骤	线性：提纲—写作—编辑	循环式：草稿—修改—再修改—写作—修改
写作的方式	学生独立写作	倡导讨论、交流、协作、分享
写作与反馈	教师评价反馈	教师和同伴反馈相结合

第一，写前准备阶段（Pre-writing）。写前准备阶段是写作的“热身运动”，有助于激活学生已有的背景知识，使学生对所写内容产生兴趣。在此阶段，学生需提前收集相关素材丰富认识、拓宽思路，激活原有知识经验，积极思考写作任务，最终确定写作主题，而教师则需充分发挥支架作用，通过组织小组讨论、“头脑风暴”等课堂活动激发学生思维，营造学生集思广益、畅所欲言的环境，通过借鉴他人观点，开阔视野、碰撞思想，不断丰富写作主题，触发其原有知识经验，让每个学生在交流、思考中认知水平更上一层楼。

第二，初稿撰写阶段（First Drafting）。学生将准备阶段收集的材料梳理整合，将思想观点按一定的逻辑顺序排列整合，注重思路通畅言之有物。简言之，学生不仅要考虑用词是否恰当、行文是否连贯、逻辑是否通畅，而且还要从读者的视角出发，考虑写作任务的交际目的是否达成，观点是否有理有据，内容是否充实等。

第三，修改阶段（Revising）。修改阶段包括两个环节。首先，同伴互评。学生以小组为单位交换写作成果进行组内评议或以小组展示的形式进行口头评述，彼此提出建设性的反馈意见，帮助同伴改善初稿的内容和结构，从而加深自己对主题的认识与理解。同伴互评优点主要有：学生以读者身份审视作文的语言表达，体会其内容与思想观点，从而唤起学生的读者意识，促使自己以读者的视角客观地审视作文，判断自己习作的优劣，努力提高写作质量；小组同伴互评有利于营造轻松和谐的学习氛围，降低写作焦虑，有助于学生分析能力和批判性思维能力的养成。其次，自我修改。修改是优秀写作之关键步骤，在同伴意见的启发下进行自我反思，产生新观点，着眼于改善全文的思想内容、层次、逻辑结构，做到中心思想突出、层次分明、条理清楚、结构合理，以准确表达自己写作的意图，从而完成从“自我中心文本”到“读者中心文本”的认知发展过程。

第四，编辑阶段（Editing）。编辑阶段是对作文从语言到内容进行最终校对与润色的过程。在语言层面，写作的一般规范，如语法、拼写、措辞、表达方式及标点符号等是作者优先关注和调整的内容，以确保作文语言的准确性和流畅性；在内容方面，内容的完整性和思想观点的准确性是作者关注的重点，对“作品”的终稿进行最后整理润色，从而达到内容充实而言之有物，提高作文的可读性。简而言之，编辑阶段不但有利于提高作文的质量，而且有助于学生提升认知能力和思维能力，进而提升自身写作水平。

综上所述，过程教学法盛行于写作教学领域四十多年，其优点在于将教学重点放在学生的写作过程上，以学生为中心，通过精心设计课堂活动，使学生的交际、写作能力得到锻炼，及时反馈有助于作者把想表达的意思精确地表达出来，学生既是作者也是读者、既是审稿者又是被审稿者、既是反馈者也是被反馈者。学生从其所经历的写作各个环节中有意识地思考整个写作过程，领会写作的本质，运用语言进行创造性思维，从而实现语言的交际功能，充分锻炼了学生的思维能力、表达能力，极大提升了学生发现、分析和解决问题的能力。

（三）体裁教学法

体裁教学法（Genre Approach）兴起于 20 世纪 80 年代中期，是一种以体裁和体裁分析理论为指导的教学方法。在教学实践中，体裁教学法围绕语篇的图式结构开展教学活动，其目的在于让学生理解语篇不仅是一种语言建构，更是一种社会意义建构，引导学生意识到不同体裁的语篇具有不同的交际目的和篇章结构，具有不同的语言和修辞特征，从而帮助学生理解或学会撰写某一体裁的语篇。

体裁教学法认为交际目的是体裁选择的首要因素，强调社会环境对于写作的重要作用，对于提高学生体裁意识，理解语篇结构意义重大。体裁教学法包括如下教学步骤：

1. 范文分析

范文分析是体裁教学法英语写作过程的首要环节，也是最为重要的环节。教师通过提供大量有针对性的范文，详尽分析该种体裁具有的语言特点，如选词造句、语法、篇章连贯手段和体裁结构等，从而帮助学生形成对范文体裁从形式到内容的全面了解和认知，掌握该体裁的语篇特征，建立体裁图式，理解体裁之下所隐含的特定社会语境和交际目的。

2. 模仿写作

模仿写作是体裁教学法的关键环节。在范文分析的基础上，教师要求学生撰写同一体裁的文章。模仿写作环节又可细分为阅读、资料收集与整理、写作等阶段。学生基于该体裁结构及语言风格的认知，通过收集并阅读，丰富对选题的认识，开始撰写文章。需要特别指出的是模仿写作不是机械简单地照搬范文，而是通过模仿写作的方式将范文的体裁结构特点和语言特征内化到学生自身的知识结构，建立自己对于该体裁的认知图式，从而可以独立撰写这一体裁文章，实现语言的交际功能。

3. 独立写作

学生通过模仿写作，建立了不同体裁语篇的“图式结构”，在此基础上，学生选定一个题目进行写作实践，写出这类体裁的文章，以此体会、内化不同体裁语篇的结构特征和语言风格。

实践证明，体裁教学法能够帮助学生建立不同体裁语篇相对稳定、规律性的语篇模式，体会到英语写作是一种有章可循的社会交流手段，在一定程度上可以增强学生写作的信心，激发学生创造性思维能力。但体裁教学法也存在如下方面的不足：

（1）由于体裁种类复杂，写作课堂教学难以帮助学生穷尽认识体裁，导致写作教学内容具有一定的局限性。

（2）课堂教学聚焦语篇，容易导致学生重语篇规律轻语言操作，学生写作“千文一面”，缺少创造性。

（四）任务型教学法

任务型教学法（Task-based Language Teaching）于20世纪80年代逐渐发展并兴盛起来，其哲学心理学依据是建构主义，尤其与心理语言学家维果斯基的语言和学习理论高度相关，核心是“以学习者为中心”，强调语言学习的社会性，注重语言交际的意义，认为知识的获得是人们相互作用的结果。任务就是“用语言做事”，又称为“做中学”（learning by doing）的语言教学方法。任务是语言运用的载体，在用语言做事的过程中，学生通过自己或与其他学生之间的互动，获得收获。这一互动的过程涉及对语言的理解、操作、运用等环节，不仅仅实现了语言学习的目的，也实现了对语言学习的超越。学生在完成任务的过程中，围绕“意义”共建，从语言形式到内容思想的表达，利用一切资源实现交际目的。换言之，任务的执行与完成提供了学生应用语言解决实际问题的真实情境，不但促进了学生语言应用能力的提升，也强化了学生对语言学习社会性的体验与理解。“任务”界定的依据一般包括现实真实任务和学习过程两种。由于研究视角不同，任务的定义略有差异。学界较为认可的定义来自斯凯恩（Skehan）的 *A Cognitive Approach to Language Learning* 一书，他指出任务是一种具体的活动，具有以下特征：任务要以意义为导向，以解决特定交际问题为目的，与某一社会生活活动相关联，活动的结束以完成任务为标准，任务评估以活动结果为依据。[①]一般来说，任务教学法下写作教学过程包括任务前阶段、任务中阶段和任务后阶段三个主要教学环节。

① Peter Skehan: *A Cognitive Approach to Language Learning*，上海：上海外语教育出版社，1999，p.95.

1. 任务前阶段

任务前阶段的主要活动是写作任务信息输入，教师根据不同的写作目的以及不同的学习内容，通过声音、文字、视频、图片等形式输入信息，组织“头脑风暴”、列提纲、范文讨论学习以及书面调查、汇报、连词成句、习作鉴赏等不同形式的活动（写作动机的刺激物），可以帮助学生激活写作知识，形成个人观点和想法，更好地完成任务链中的一个个子任务或最终目标任务。

2. 任务中阶段

本阶段活动主要包括写作实践、汇报展示和交流评价等环节。教师可以根据不同主题内容要求学生写出宣传报道稿、信函、通知、人物传记、调查报告等不同体裁的作文，完成任务的形式可以是集体协作写作、小组合作写作或个人写作，主要写作目的可以重点关注语言训练，也可激发创作，还可以剖析社会问题，解释、分析社会现象等。写作实践是此阶段的第一环节，学生根据教师要求写出一则通知、一封书信、一篇读后感或一份调查报告等不同成果，写作实践的关键在于培养学生通过书面形式自由表达观点，有效传达信息的能力。汇报展示内容为写作的内容或互评的反馈，其中内容展示可以通过文本、口头的形式直接呈现结果，也可汇报写作过程及反思。而交流评价则主要侧重写作成果的语言与内容两个观测点，评价方式可以采取学生互评或教师评价，旨在帮助学生理解写作中语言规范、行文流畅、内容充实的具体表现，从而实现交流评价的目的。另外，此阶段中汇报展示与交流评价的环节可以根据实际教学需要灵活安排先后顺序，以达到提高教学效果的目的。

3. 任务后阶段

本阶段主要活动包括修改、教师点评和总结归纳等。首先，根据教师、同伴互动交流的建议，对写作成果修改完善。修改可以采取自我修改和小组合作修改两种形式；修改内容包括语言及内容两个维度，需做到尽量减少或避免语法错误，符合语言表达规范，行文逻辑通顺，内容充实，有理有据。教师点评是指教师对学生修改后作品的综合评价，除了评价习作的语言及内容外，还应关注学生写作知识及技巧的应用，尽量做到切中要害、一针见血，起到画龙点睛、醍醐灌顶的作用。总结归纳环节主要是对任务完成过程中存在的问题进行较为全面的梳理，可以教师直接总结，也可组织学生归纳总结，其目的是帮助学生内化知识，实现意义的主动建构。需要注意的是任务后阶段的所有活动可能是任务链中的一个任务的最后环节，抑或是新一轮写作过程的任务前活动。

综上所述，任务型教学法强调语言应用发生的真实情境，将语言应用与解决交际过程的实际问题对接，提倡学生的主动参与、积极思考，在交流互动中完成任务、表达观点，调动潜在运用和创造语言的能力，体现了以学生为中心、以学习为中心、以人为本的现代教育思想。换言之，任务型教学法是将具体的任务作为语言学习的载体，将任务的完成过程视为语言学习的过程，以展示任务成果的方式来体现教学成果的一种教学方式。[①]因此，任务型教学法的实质是以任务为中心组织教学，让学生完成与真实活动存在一定相似性的写作任务，在完成任务的过程中主动使用所学语言并促进所学语言应用能力的发展与提高。在课堂教学实施过程中，任务型教学法在课堂结构、任务后的报告、教学环节分配、任务类型和学生分组等方面均具有一定的弹性（flexibility），教师可根据教学内容、对象等做出一定的调整，实现课堂教学效果的最大化。

（五）写长教学法

写长教法学理念由广东外语外贸大学王初明教授提出，以斯旺（Swan）的可理解输出假说理论为基础，旨在针对性地解决中国学生英语学习耗时长，但应用效果差的实际问题。可理解输出强调输出的激发注意功能、检验假设功能和元语言三大功能，核心思想是语言的产出性应用有助于学生

① 姜爱华：《任务型教学在英语课堂教学中的探索与实践》，《新课程研究》，2010年第3期。

检验目的语的词法、句法以及语法结构，达到有效运用语言的目的。王初明教授认为外语教学方法的选择必须考虑以下几个方面：教学方法选用的基本准则是否可以有效帮助学生掌握语言形式；语言形式服务于语言意义的实现，脱离了意义的语言形式是没有价值的；语言环境影响语言教学的效果；学生的心理因素是影响语言学习效果的关键性因素。因此，写长教学法理念强调以学生为中心，基于学生情感及语言发生的真实情景，通过设计恰当的写作任务，强化写作实践促进外语能力提升，即以语言输出促进语言输入。简而言之，在英语写作教学实践过程中，教师应创设语言运用发生的环境，以突破中国学习者英语学习过程中真实语境匮乏，语言输入的刺激不足的制约，为学生提供足够多的语言输出机会，通过英语氛围的深度浸入及丰富的英语写作体验积累，实现学生英语写作能力提高的目的。具体来讲，写长法的基本思路是：针对学生多年学习英语，但却不能很好地应用英语的困境，从学生中心的视角出发，以帮助学生树立英语写作自信为起点，通过巧设任务，激发学生写作兴趣与动力，促使学生在表达真情实感的过程中逐步加大写作长度的方式来增加写作实践强度，帮助学生突破英语写作的极限，由此增强学生英语写作的成就感和自信心，提升英语写作能力。

写长教学法彻底摒弃了传统教学法强调语言形式的束缚，提倡打开学生情感通道，自由表达自己的思想，激发学生英语学习兴趣和动力，帮助学生开阔思路，挖掘学习潜力，通过不断的写作实践实现表达真情实感的交流目的。该教学法认为英语写作能力的提升是学生不断写作实践的结果，教师在写作教学过程中应为学生提供适当的语言输出平台，巧设写作任务，做好学生写作实践的指导者和监督者，帮助学生树立写作的信心，增强写作的动力，以写促学，从而实现英语写作课堂教学效果的最大化。一般来讲，写长教学法包括准备阶段、写作阶段和反复修改三个阶段。

1. 准备阶段

恰当的写作任务是写长教学法成功实施的决定性因素，因此，准备阶段的首要任务是作文任务的设计。写作教学中，教师进行任务的设计应着重考虑如下两个问题：

（1）任务是否能够激发学生写作的兴趣，促使学生愿意写是任务设计首要考虑的问题之一。基于学情，教师应综合考虑学生所掌握的背景知识，学生的兴趣、话题的难易程度以及学生的语言表达能力等方面设计写作任务，以确保学生能够以积极主动的态度完成写作任务。

（2）任务设计应与时俱进，体现社会生活热点话题，避免陈年乏味的老旧话题，做到既要关注学生的兴趣，又要兼顾学生写作内容的宽度与广度，既要确保普通的学生做到有话可说，又要能够展现学有余力的同学的真知灼见。总之，任务的设计要相对宽泛，提供更多的开放性选择以达到刺激学生写作的目的，使学生有写、可写、写得长，为学生提供充分的英语写作实践机会。需要强调的是这一阶段的教学目标是制定提纲和腹稿撰写。

2. 写作阶段

本阶段的主要教学活动是引导学生进行写作实践，常可遵循如下步骤开展教学实践：

（1）在教师的指导下，按照由易到难、由浅入深、循序渐进的原则，进行范文赏析，指导学生措辞造句，训练学生运用写作技巧，大胆写作，写得越多越好。

（2）引导学牛从兴趣出发，拟定写作提纲，训练学生逻辑思维，强调学生体验英语写作的过程。

（3）提供写作素材，鼓励学生发挥想象力，自由写作，促使学生英语写作能力得到充分锻炼，让学生实现从能够写到写得长的转变，充分发挥语言运用能力和表达能力，“以长促学”“以量促质”，由此帮助学生逐步提高写作技能和水平，拓展写作能力。

3. 反复修改阶段

修改过程是写作学习的反馈过程，也是写长教学法的关键一环。本阶段基于师生间的相互交流，学生的写作自信心和成就感大增，学生在教师与同伴的帮助下作文逐步趋于完善。一般来讲，反复修改阶段主要包括如下内容：（1）学生自评；（2）教师面批作文；（3）学生根据教师反馈修改作文—再批阅—再修改，反复如此，直到达到教师和学生共同认可的程度。最后，每周从学生习作中选出优秀作文与学生从语言运用、写作构思、布局谋篇等方面共同评阅，引导学生学会作文赏析，明确努力方向。

（六）常用写作教学方法对比

由上文可知，“结果法”“过程法”“体裁教学法”“任务型教学法”“写长法”五种常用教学方法在不同时期均发挥了一定的作用，各有所长，在某种程度上促进了英语写作教学改革向纵深发展。下文从基本思路、教学目标、优势与不足四个维度对上述教学法进行横向比较（详见表2-10），以此探究各种英语写作教学方法的更新迭代。

表 2-10　五大写作教学方法之比较

类别	结果法	过程法	体裁法	任务法	写长法
基本思路	写作是产生合乎语法的作品	写作是一个思维过程，关注写作行为	写作是一种社会活动，关心最终结果	写作是一种完成任务的过程，关注结果	写作是一个经过大量语言实践活动才能内化输入的过程
教学目标	注重语言形式，尤其是关注句子语法的准确度	强调作者的创造性，包括思想的产生和组织	重视读者的期待和有效的表达，尽可能实现作品的社会目的	强调“意义”共建，实现解决某种交际问题的目的	以增加写作长度，将英语知识加速转变为英语运用能力
优势	作品语言形式较准确，学生的学习由易到难	明确写作的过程，为写作教学提供理论基础	揭示文本惯有特征，把写作置于读者和目的的背景之下	重视交往互动，以学生为中心，有利于调动学生的积极性	打开学生情感通道，超越自我，挖掘潜力，加速知识运用

续表

类别	结果法	过程法	体裁法	任务法	写长法
不足	过分强调作品句子的精确性、机械性操练，造成学生学习动机不强，甚至导致学生对写作的恐惧；机械的模仿往往让学生忽视创作技巧和认知策略的培养	有可能混淆第一语言写作和第二语言写作的区别，让人误以为所有写作都经历同样的过程；忽视第二语言写作的难度，对写作结果的质量重视不足	对写作成果修辞特征的了解可能误导学生将文本惯有特征理解为必须严格遵守的规则，有可能导致学生过度重视作品的质量，而忽视写作过程的作用	写作训练的系统性难以把握，如何整合诸多不同类型的写作任务具有一定的难度	可能误导学生专注写作的长度而忽视写作的质量；对于初学者的适用性不高；写作活动中语言使用的互动性较弱

“结果法”兴盛于以语法教学为主的年代，课堂教学的首要任务是语言知识的传授。因此，英语写作课堂教学聚焦于语言形式，关注写作的最终成果，尤其是作文中词、句、语法规则使用的准确度，类似于目标管理。这一方法的突出优势在于学生的语言基础扎实，但写作多拘泥于语法规则，束缚学生的想象力和创造性，缺乏创新性。“过程法”由于受到功能主义教学理念的影响，强调写作是一种思维过程，注重作文形成过程，认为写作是在特定语言环境下进行的一种交流互动的学习过程。这一过程中学生是学习的主体，强调主体的创造性，讲究步步为营。尽管“过程法”体现了知识能力化的认知规律，符合语言学习规律，但因其忽略了第二语言写作的难度，缺少对写作成果质量的足够重视而受到了部分学者的质疑。“体裁法”认为写作是一种社会活动，重视读者的期待及不同体裁写作模式的差异化，强调不同体裁文本的语言特征，让学生有章可循，帮助学生实现写作的社会目的，但在一定程度上误导了学生对文本语言特征的理解，抑制了学生创造性的发挥。任务型教学法强调写作是一种完成任务的过程，既关注过程又重视结果，侧重通过写作实现意义构建，达到解决交际问题的

目的，是一种以学生为中心、以学习为中心的教学方法，能够调动学生的积极性，注重激发学生的写作兴趣与动机，但因任务设计存在一定的随意性，很难实现写作任务训练的系统性。因此，学界对其评价褒贬不一。而“写长法”作为一种新兴的本土教学方法，因其根植于写作的实践属性，强调写作能力的提升源于大量的写作实践，是写出来的不是教出来的而受到普遍的认可。该方法自提出以来不断实践、完善，逐步走向成熟，在写作教学领域产生了一定的影响，但也因其缺少对“学”的含义的明确认识，备受诟病。

由此可见，随着教学环境、教学理念的不断更新，无论哪种教学方法都各有特色、各存利弊，但从五种方法的对比中也不难发现其发展思路与变化，正如文秋芳所言，写作从“一种静态的知识反应”发展为“一种非线性的、生成的个人认识过程”，最后发展到“一种与文化环境紧密相关的社会认知过程”[①]。这一变化表明人们对于写作本质的认识进一步明晰化，教学方法的发展思路越来越趋向并靠近“以人为本”的现代教育理念。教学目标正在由关注语言形式发展为语言形式与内容并重的转变。由此说明，作为语言输出技能之一的写作，只有做到形式规范，言之有物才能实现表情达意的社会交际目的。综上所述，尽管每一种教学方法都无法做到尽善尽美，完全满足教与学双方的需求，对于教学中不断出现的新问题给予完全合理的解释，但至少说明广大学者及教师在写作教学改革的路上推陈出新，不断探索与尝试，对已有理论、方法赋予新的内涵，这种探索无疑会对写作教学产生积极的影响。因此，教师应更新教学理念，基于写作教学实践不断反思，教无定法、贵在得法，在教学实践中根据教学内容、教学对象恰当利用教学手段，调整写作教学策略，推进大学英语写作教学改革与实践。

① 文秋芳，王立非：《中国英语学习策略实证研究 20 年》，《外国语言文学》，2004 年第 1 期。

三、大学英语写作教学之不足

为了适应我国经济社会对外开放的要求，大学英语教学改革日益深化，不断向纵深发展，成绩斐然，对促进我国对外国际交流与发展起到了功不可没的作用。在此背景下，广大学者、专家根植英语写作课堂，对大学英语写作教学深耕细作、不懈探索，在教学理念、信息化教学方法与手段、教材建设等方面取得了一系列成绩。但不可否认的是相较于听、说、读等语言技能，作为英语语言能力重要组成部分的英语写作能力并没有得到有效的提高。究其原因，除了早期大学英语教学纲领性文件中对写作能力要求相对较低的原因之外，与师生对大学英语写作在现实生活中应用不足的传统认识不无关系。但毫无疑问，大学英语写作教学仍需改进。鉴于此，笔者基于自身大学英语写作教学实践经验，结合前人研究，将大学英语写作教学存在的主要问题梳理如下。

（一）教学目标不明，写作教学重视不够

写作能力虽为一项重要的交际能力，但对于部分非英语专业学生来说，毕业后英语语言应用能力差，开口不能说，提笔不能写的“英语盲”现象仍然较为普遍。虽然《大学英语教学大纲》等纲领性文件对学生应具备的听、说、读、写、译能力均有明确要求，但部分高校在实际教学中均未将大学英语写作作为一门独立的课程开设，而是作为大学英语教学精读教学中的一个部分。随着各高校大学英语教学改革的不断深化，大学英语课程学时一再被压缩，分配到写作教学学时更是少之又少，加之缺乏由浅入深，循序渐进适合大学英语写作教学的针对性教材，致使写作教学的随意性较大，写作教学无所适从，导致大学英语写作教学目标模糊，教师重视不够，落实无力的现状。具体表现有：没有明确的教学计划；没有明确的教学进度；对学生写作缺少系统的指导。因此，大学英语写作教学有名无实，无法满足学生英语写作实际需求。笔者调查发现：大学英语写作课堂教学用时少，缺少系统性，多为应付四、六级考试，考前突击性教学，教师为了

"考而教"，学生为了"考而学"，将大量精力用于背诵四、六级作文金句、范文，完全忽略了写作作为一项产出性技能的实际应用价值。在英语写作教学中，教师无从谈及写作的作者取向和读者取向，只是停留于文本层面，多关注英语词句的排列组合、语法规则和篇章结构的传授与训练，忽视了认知、情感和社会因素。因此，写作教学目标整体围绕应试教育而展开，并不能体现写作者创新能力和思辨能力的综合素养。

（二）教学理念陈旧，教学组织程式化

自 1987 年大学英语四级考试开始试行以来，其参考人数规模日益扩大，影响深远。纵观我国大学英语写作教学"以考试为中心"的教学理念普遍盛行，很多教师并没有紧跟大学英语教学改革的步伐，更新理念，改进教学方法、优化教学模式，反而原地徘徊，止步不前。部分教师甚至认为大学英语写作教学的目的就是帮助学生通过四、六级考试。因此，课堂教学组织机械化，课堂教学多以四、六级考试优秀作文为模板，采用"程式化"的教学模式，教学中多强调模板化的语言与技巧，忽视对学生写作过程的指导，更无法顾及对学生英语写作兴趣的激发与引导以及创造性逻辑思维能力的培养。其次，大学英语教师普遍课时任务重，一些教师超负荷工作，疲于应付，教学投入力不从心，"学生中心""产出导向"等先进教学理念在大学英语写作课堂中成为蜻蜓点水、浅尝辄止的尝试与体验。此外，大学英语课堂学生人数众多，一般情况下每班人数达 40 人至 60 人，课堂写作实践训练难于开展。在此背景下，教师很少针对非英语专业学生制定详尽的写作教学计划与方案，课堂教学重语言知识传授，轻语言技能训练的现象普遍存在，写作教学内容也多依托大学英语综合教材中的写作练习，任务简单，话题受限，无法基于学生实际学情及兴趣爱好，开展针对性、个性化写作训练。因此，大学英语写作教学系统性不足，课堂教学组织缺少创新性，耗时费力见效慢，经常会出现"教师不愿意教，学生不愿意写"的局面，大学英语写作教学中"师讲生听"现象普遍存在，只是按部就班地完成教学任务。

（三）教学内容缺乏系统性，教学方法单一

教学内容是课堂教学的核心，大学英语写作教学问题的根源是“我国非英语专业大学英语教材的内容选择上重文学、重政论，而忽视了体现时代的实用型内容”[①]。据调查，大学英语写作课程教材多采用上海外语教育出版社、外语教学与研究出版社及重点高校出版社出版的大学英语综合系列教程，这些教材大多采用听说读写译融为一体的形式编写而成，尽管每个单元课后设置了写作练习，但多针对阅读课文而设计。因此，作为通识课程使用的大学英语写作教材相对缺乏。在教学实践中，教师常常依托大学英语综合教程中的写作练习开展英语写作实践，缺少对写作知识与技巧的系统教学，教师往往根据教学时间和自己对写作的认识泛泛而谈或者直接跳过避而不谈，写作教学内容缺乏连贯性、系统性，写作训练与时间安排相对随意。加之，大学英语写作课堂教学中，教学模式、教学方法相对单一和陈旧。教师在课堂教学中占据绝对主导地位，具有绝对的权威，既扮演着教学内容的讲授者、传授者，又是课堂教学的管理者和组织者，全面掌控课堂教学的节奏、内容、重难点和学习方式，是学生语言输入和写作知识的主要来源，而学生是被动的接受者。单一的教学方法、教学手段，导致学生对课堂活动的参与性、主动性不高，对写作实践兴趣不浓，接受性技能与产出性技能发展不平衡。换言之，由于课堂写作训练组织实施难度大、耗时费力，见效慢，教师和学生对英语写作都存在一种畏难心理，避而不谈。因其潜在的“软”效应，师生在平时课堂教学中达成了一种心照不宣的默契，淡化写作训练。由此，书面交流能力的培养被师生同时忽视。

（四）评价手段单一，缺少有效的反馈机制

传统大学英语写作课堂教学以班级为单位，写作实践形式单一，由教师自主命题，按照“教师布置作文题目—学生完成命题作文—教师批改”

---

① 井升华：《我国大学英语教学费时低效的原因》，《外语教学与研究》，1999 年第 1 期。

的“三步曲”进行。教学实践中，教师每两周安排一次作文写作实践，由于班级规模大，采用教师批改的单向式评价，学生完成一次作文提交到教师评阅反馈至少需要 1~2 周的时间。因此，完成一次作文写作实践，从“教师布置作文、学生提交作文至教师完成批改”三个环节，至少需要 3~4 周的时间周期。如此模式的写作教学实践最大的弊端是作文评价手段单一，反馈滞后，耗时长，效果甚微，具体表现为：第一，教师精力投入大、耗时长却难以引起学生的共鸣，评价效果随着时间的推移微乎其微。整个作文写作实践过程教师往往将精力集中于对学生作文的评价，批改重点往往聚焦于作文的语言层面，多关注选词造句、语法规范等，评语寥寥数语，甚者只给出分数，对于作文内容、结构甚至语篇连贯等深层次问题很少涉及。如此评价无法与学生建立有效的沟通渠道，也无法对学生作文谋篇布局、思想内容等方面提供有效指导，更难以达到启发学生深度思考的效果。学生对教师评价反馈往往也是浏览一番作罢，其结果是教师的评价投入并没有和学生的收获形成良性互动，耗时低效。第二，忽略了对学生写作过程的必要指导，未在学生急需帮助时给予有效的建议，发现其写作过程中存在的困惑与问题，帮助其打开思路、梳理逻辑、完善作文框架，而只是事后对学生作文给予蜻蜓点水式的评语，难以起到传道授业解惑的作用。因此，这种简单的“一稿定终身”的评价反馈机制无法调动学生参与写作的主观能动性和积极性，教师批改反馈难以发挥作用。

四、大学英语写作教学影响因素

大学英语写作教学作为大学英语教学的重要组成，在一定程度上影响着大学英语教学目标的达成度。近年来，大学英语写作教学研究虽备受学者、专家关注，取得了一定的成绩，但大学英语写作教学效果仍不尽如人意，作为学生英语核心能力之一的英语写作能力不容乐观。为此，剖析大学英语写作教学的制约因素是大学英语写作教学亟待解决的问题。下文将从主客观两个层面，梳理大学英语写作教学的影响因素。

（一）主观因素

1. 教师层面

其一，教师教学理论学习与教学实践知行不一。面对高等教育发展的日新月异，绝大部分大学英语教师能够紧跟时代发展要求，不断提升自身业务素养与能力。笔者访谈中发现，教师们从理论上能够清醒地认识到大学英语写作教学应该以学生为中心，充分发挥学生的主体作用，灵活采用多种教学方法，提升课堂教学质量，但在教学实践中却受到班级规模、有限课时、学生层次等现实条件的制约多采用传统教学模式，即教师讲学生听、教师布置作业学生写、教师批改反馈学生被动接受的单向式写作教学模式。此种模式下，课堂教学教师重在讲解写作理论、应试技巧、写作套路，忽略了写作的实践性属性，学生则以听代写，纸上谈兵式的写作学习课堂很难激发学生的写作热情，挖掘学生的写作潜力，更不会有效提升学生的英语写作能力。

其二，费时低效的评价反馈机制弱化了学生对英语写作的兴趣和积极性。尽管随着信息技术的发展各种线上自动评分系统层出不穷，在某种程度上极大促进了写作教学评价反馈的方式、方法，提升了反馈评价的效率，但调查发现，目前多数高校大学英语作文反馈多以教师书面批改反馈和课堂口头集中反馈为主，并未引入线上自动评阅系统辅助写作教学，即便有部分教师在教学中尝试性使用某种在线评阅系统，也因种种原因处于半停止状态。传统反馈模式下，教师评阅作文时间周期长，批改内容多聚焦于语法纠正，缺少作文内容的贴切性、结构的完整性、遣词造句的准确性等方面的建设性批语。因此，此种简单机械的单向式线下人工反馈模式无法实现师生间有效的双向式互动与交流。某种程度上，满篇红色的圈圈线线批注会增加学生的写作焦虑感，难以实现帮助学生有效提高其写作水平的效果。此外，在课堂集中反馈中，教师多强调学生作文中的共性问题，反馈缺少针对性，忽略了学生的个体差异，无法做到对症下药，解惑答疑，不能激发学生的写作兴趣，帮助学生树立写作信心，很难达到预期的反馈效果。

2. 学生层面

其一，母语写作能力对英语写作的影响。母语写作能力是写作者对母语文化、历史、社会认知的综合能力。研究发现母语水平和母语思维是影响英语写作水平的重要因素。一般来说，母语写作水平高的学生用英语写作时，其母语的写作能力，如语言表达、逻辑思维等方面的能力就会迁移到英语写作中，使其写作行文流畅、逻辑清晰、结构完整。相反，母语写作能力弱的学生用英语写作时，其母语的写作能力也会对英语写作产生负面影响，导致其英语写作水平也会较低，表现为语言表达不流畅、中心不突出、结构不完整、逻辑不清楚等。因此，在英语学习的过程中，从小建立起来的中文语言系统会对英语学习产生影响，学生的英语写作往往是从汉语的思维和文化模式向英语的思维和文化模式过渡。由此，或多或少受到汉语的阻碍，体现在英语写作中就会出现中式英语表达①。另外，部分学生英语文化知识输入不足，缺乏对英语国家政治、文化、历史等各方面知识的了解，加之词汇量小、语法知识不牢固、知识面狭窄、思维不开阔等因素叠加，导致学生英语写作水平提升的瓶颈难以突破。

其二，逻辑思维能力和思辨能力对学生英语写作的影响。逻辑思辨能力的核心要素可概括为分析、综合、判断、推理和评价能力②。思维能力的强弱直接影响着英语写作水平的高低，而大量研究证明我国大学生思辨能力相对不足。根据文秋芳、刘润清提出的写作四环节，即审题、立意、布局和论述来看，学生在审题环节往往不能正确解读题目，经常出现文不对题的现象；在立意方面经常存在分论点不清、说理不明的问题；在布局与论述环节不能做到中心论点与分论点环环相扣、逻辑通顺、一气呵成。究

---

① 伍丹琼:《母语迁移现象对大学英语写作输出影响的实证研究》,《吉林省教育学院学报》, 2019 年，第 4 期。

② 李莉文:《英语写作中读者意识与思辨能力培养——基于教学行动研究的探讨》,《中国外语》, 2011 年第 3 期。

其缘由，可概括为学生逻辑思维能力和思辨能力的欠缺[①]。具体原因为：在英语写作过程中学生往往将注意力用在寻找合适的词语、得体的方式表达心中所想，而对语篇逻辑、内在关系以及思想的挖掘等写作更高层次的关注往往力不从心，无暇顾及，导致学生分析判断、综合论述的能力发展滞后缓慢。因此，英语写作常出现堆砌材料，推理不严，衔接不紧，甚至颠来倒去说不清楚的现象。

其三，外语写作焦虑对学生英语写作的影响。我国大学英语教学存在严重的知情分离现象，片面强调语言学习中的认知因素，而忽略情感因素对语言教学的作用[②]。作为学习者情感因素重要变量之一的外语焦虑，是指“学习者因外语学习过程的独特性而产生的一种与课堂外语学习相关的自我意识、信念、情感和行为综合体”[③]。大量研究表明，学生英语写作焦虑情绪普遍存在，并且处于中等程度。这种焦虑行为使得学生在面对英语写作任务时往往采取消极策略进行保护，其典型表现为不愿写、不想写，写作焦虑情绪越严重，英语作文质量越差，写作水平越难提高，进而发展形成恶性循环。因此，大学英语写作教学中教师应基于学生的个体差异，运用情感策略，多关注写作水平较差的学生，挖掘其闪光点，给予他们更多的鼓励与指导，转移其对写作的恐惧与焦虑，帮助其树立写作的信心。同时，教师可通过改进评价手段，采用学生自评、小组互评、教师评价等多元评价方式使学生在写作学习过程中承担多元化角色，营造和谐轻松的学习氛围，降低写作焦虑和畏难情绪，增加其提高写作水平的决心。此外，教师也可采用过程教学法、写长法等不同教学方法，向学生提供积极的情感反馈，减少焦虑，达到“以写促学”的效果。

---

① 文秋芳，刘润清：《从英语议论文分析大学生抽象思维特点》，《外国语》，2006 年第 3 期。

② 马利飞：《动机理论视域下英语教学中例句的使用》，《价值工程》，2013 年第 7 期。

③ Horwitz E K, Horwitz M. B. & Cope J. A. Foreign language classroom anxiety. *The Modern Language Journal*, 1986 (2): 125-132.

（二）客观因素

1. 大学英语教学纲领性文件的导向性

通过对改革开放以来40多年大学英语纲领性文件，如《大学英语教学大纲》《大学英语课程教学要求》的历时梳理发现，自20世纪80年代以来，大学英语教学目标一直奉行“阅读优先”的原则，直到2004年和2007年《大学英语课程教学要求》两份文件的颁布才将大学英语教学指导思想调整为“听说领先”的教学原则，而写作能力从未在以上文件的教学目标中被明确提及，即便2020年《大学英语教学指南》对于大学英语教学目标的表述为“培养学生的英语应用能力，增强跨文化交际意识和交际能力……”[①]。这里的“交际能力”也极容易被理解为口头交际的能力，而用英语进行书面信息交流的能力却被不知不觉地排除在外，自然而然地被人们遗忘了。

2.“应试主义”教学理念根深蒂固

就目前来看，对于非语言专业学生来说，全国大学英语四级、六级考试仍然是衡量大学英语教学效果和水平，甚至学生英语能力的重要标准之一，其权威性历经40多年没有受到动摇，重要性不言而喻。因此，四、六级考试成为大学英语教学实践的行动指南。另一方面，从四、六级考试题型分值构成来看，相比于阅读、听力题型，写作部分的分值只占总分的15%，也不到其一半分值，这样的分值构成比例进一步淡化了英语写作的重要性。为了通过考试，提高四、六级考试过关率，大学英语教学中教师自然将大量的时间精力用于阅读、听力等内容的教学，写作变成大学英语教学的边角料，考前突击模写、背诵范文成为写作教学最简单、有效的教学方法，难以真正帮助学生提升写作水平。加之写作具有很强的实践性，是综合能力的体现，写作能力提高耗时费力，师生付出与收获差距大，导致大

① 教育部高等学校大学外语教学指导委员会：《大学英语教学指南(2020版)》，北京：高等教育出版社，2020年，第5页。

多数大学英语教师对英语写作既爱又恨，学生既怕又恨。

3. 大学英语写作教学学时不足

根据现行《大学英语教学指南》(2020 版)的建议，各高校大学英语课程每周基本是 2~4 学时，将听、说、读、写、译五种技能综合训练包含于大学英语综合教程的教学内容。按照以上学时设置，大学英语写作教学学时可想而知，加之写作教学实践性强、用时长、见效慢等特点，实际英语写作教学时间严重不足，成为制约大学英语写作教学质量的主要因素。另外，大多数高校并没有专门开设大学英语写作课程，英语写作教学缺乏系统性，甚至缺少必要且有效的写作实践指导，大量的写作实践主要依靠学生课后自主完成，写作实践少、反馈不及时，脱离了写作实践的大学英语写作教学想要提升学生写作水平基本上是纸上谈兵。

第二节　大学英语写作教学研究回顾

英语写作能力培养一直备受学界专家、学者关注，尤其是写作教师、学者关心的热点问题。大学英语写作教学研究的成果数量稳步增长，研究内容也随之深入细化，跨学科等研究方法陆续涌现，研究成果日渐丰富。因此，及时了解和梳理国内大学英语写作教学研究的历时性发展进程，对于厘清问题，持续改进我国大学英语写作教学意义重大。

一、写作研究主题分类

近 40 多年来，英语写作研究备受学界关注，研究兴趣经久不衰。首先，在发文数量方面，论文数量逐年递增；在研究方法方面，实证性研究缓慢上升并逐渐显示出其优势，且实证性研究数据收集的方法越来越多样化[①]；在研究内容方面，几乎涵盖英语写作的各个层面，包括写作教学、写作过程、写作评价与反馈、写作影响因素以及写作研究综述等[②]，其中写作教学的研究占比最大，写作反馈、写作影响因素研究呈上升趋势，关注度逐年增加；由于受到新的写作教学理论、理念的影响，写作结果的研究关注度有所下降，而写作过程研究得到一定程度的重视；写作教师、写作教材、跨学科等方面研究热度变化并不明显。此外，英语写作研究与多媒体网络教学平台以及现代信息技术等结合更加紧密，尤其是随着互联网信息技术的不断发展，技术支持的社会交互在大学英语写作教学中的作用日益凸显，移动学习、数字化平台以及大数据等新技术的涌现，为以技术支持为特点的英语写作教学与研究提供了新的方法和视角。在写作研究综述方面，许多学者的研究为我国大学英语写作教学发展厘清了脉络，从中不难发现英语写作教学发展的来龙去脉，具有极大参考价值，如李志雪、李绍山（2003）的研究梳理了 1993 年至 2002 年 10 年期间中国知网所收录的《外语教学与研究》《现代外语》《外语界》《外语与外语教学》等 8 家外语类核心期刊的相关写作文献；秦朝霞（2009）的研究同样以上述 8 家外语类核心期刊文章为基础，时间跨度为 8 年，即从 2000 年至 2007 年；朱岩岩（2011）的研究在数据来源方面又增加了《外语电化教学》和《外国语》两种外语类核心期刊，时间跨度为 31 年，即从 1980 年至 2010 年；张之材（2018）的研究时间跨度为 9 年，回顾时间截止到 2016 年，是英语写作研究综述类时间节点最新的。按照以往此类研究的文献来源以及期刊载文的实际情况，作为此类研究最新的综述，张之材选定的也是 8 家外语类核心期刊作为文献来源。通过比较各类核心期刊英语写作论文综述发现，进入 21 世纪近 20 年来，英语写作相关研究主题归类如表 2-11 所示。

① 朱岩岩：《对我国英语写作研究发展的调查和思考——基于我国外语类核心期刊统计分析》，《外语界》，2011 年第 6 期。

② 李志雪，李绍山：《对国内英语写作研究现状的思考——对八种外语类核心期刊十年（1993-2002）的统计分析》，《外语界》，2003 年第 6 期。

表 2-11 英语写作研究的主题分类[①]

类别	主要特征
写作理论与现状总结	因内外写作理论的介绍、评析，英语写作研究之研究
写作过程	写前、写中、写后的思维活动或认知过程，如解题、构思、知识运用文本输出、修改等
写作结果	体系写作质量的准确度、复杂度和流利度的文本语篇特征、语言特征分析（如错误分析、词汇丰富度、句法复杂度、逻辑关系以及专门用途英语写作等）
写作影响因素	宏观（中西思维方式、母语水平、语言迁移等）、微观（元认知策略、学习动机、焦虑、写作技巧等）、客观（任务方式、学习方式等）
写作教学	写作教学方法、教学模式、各种理论在教学中的运用、写作课程设计、软件开发、思辨能力等
写作反馈	自我评阅、同伴反馈、教师反馈、多元反馈
写作教师	教师素养及发展
写作教材	教材开发、使用、评价
写作测试与评估	各类英语考试中的写作命题、评分方法、评分信度与效度、评估质量预测模型、在线写作自动评价系统、写作竞赛
跨课程/学科研究	写作与相关课程或学科的关系（写作与阅读、心理语言学、翻译、美学等的关系探讨）

文献梳理发现，英语写作研究论文主题中写作教学研究一直占有重要的地位。究其原因，长期以来，寻找破解写作教学“费时低效”困局之道已成为学界专家、学者努力不懈的追求。比较各个时期的数据可以看出，各时期研究主题比例虽有所不同，但写作教学在同时期所有研究主题里占比最大，并且研究视角呈现多元化特点，就其内容来看可划分为教学现状、教学实践和教学理论三个主要板块，涵盖课程设置、教学环节、教学软件

① 张之材：《2008-2016 年国内大学英语写作研究述评——基于 8 种外语类核心期刊的统计分析》，《当代教育理论与实践》，2018 年第 1 期。

开发、教学目标、教学构想等10余个具体内容。

英语写作影响因素方面的研究占比仅次于写作教学研究，位居第二。究其原因，主要源于写作过程制约因素较为复杂。就分类来看，可以概括为宏观和微观，外部和内部两大类。宏观方面的研究多是关于中西语言层面，以母语思维和语言迁移等外部因素影响居多；微观方面的研究多以学习者个体因素为主，聚焦于认知心理、写作焦虑、写作动机和写作策略等方面。但也有学者通过对国内英语写作实证研究的文章梳理，发现在众多影响因素中，二语水平、母语写作能力、写作任务和条件、写作练习频率和元认知能力等对二语写作的质量有不同程度的影响①。数字化手段的运用和大数据时代的到来也为英语写作影响因素方面的研究提供了新的思路和途径，不少学者基于英语写作自动评阅平台对大学生移动英语写作学习行为进行了调查与分析，并通过问卷和访谈了解学生对移动英语写作的效果评价。

此外，20世纪80年代后过程教学法在英语写作教学实践中日渐受到欢迎，反馈随之成为写作教学的一个重要环节，而写作反馈成为写作教学研究关注的又一热点话题，因此，反馈研究的热度迅速发展，写作评估反馈的论文总数量逐年递增，内容涉及反馈的形式（人工反馈、在线反馈）、反馈的主体（教师反馈、同伴反馈、个体自我反馈）以及反馈对比研究等方面。在反馈主体方面，研究多集中于同伴反馈，从同伴互评的有效性、反馈模式测量评价表、同伴的分组方式以及对写作能力发展的作用等角度展开研究。另外，在教师反馈方面也有涉及，其中以教师反馈对学生英语写作的作用影响居多，而对教师反馈焦点和策略的研究相对较少。也有学者对国内二语写作评估反馈研究进行了述评研究，如朱岩岩（2014）发现，虽然以经验式、总结式为主的非实证性研究的论文仍占多数，但以定量和

① 王立非：《我国英语写作实证研究：现状与思考》，《中国外语》，2005年第1期。

定性相结合的实证性研究也在缓慢上升[①]。在反馈形式方面，随着信息技术的发展，写作反馈研究开始与多媒体技术、数字化平台、语料库等现代数字化教学手段相结合，探讨不同反馈形式对写作教学的影响，内容涉及个体自评、教师反馈、同伴互评、在线自主反馈系统以及多元混合反馈模式等方面，其中研究较早且较为系统的在线反馈研究有杨晓琼、戴运财的基于“批改网”的大学英语自主写作教学模式实践研究，主要采用定性与定量相结合的方法，详细介绍了“批改网”在线写作系统的功能及优势，并以“批改网”在大学英语写作教学中的应用为案例，以实证分析的视角探讨了在线反馈系统对学生写作能力、写作学习动机和自我效能感的影响，结果表明，基于“批改网”的自主写作教学模式对提高学生的英语写作水平有着较好的促进作用，能够有效激发学生的英语写作学习动机和提高自我效能感[②]。

此外，写作测试与评估、跨课程和跨学科研究的论文也都占有一定比例。写作教材、研究综述等方面的研究较少，而关于“二语写作中的身份”的研究几乎很少涉猎。

二、写作研究现状分类

（一）研究主体

纵观 40 多年来英语写作研究文献，总的来说，写作主体研究以教学法、篇章结构、写作与相关学科的关系和写作错误分析等为主，以学生为主体的研究相对较少。近年来，写作研究更关注学习者主体，研究学生写作心理、写作情感因素和写作策略运用等学习者影响因素的文章大量增加。研究对象绝大多数仍然是本科生，尤其是非英语专业本科生，其次是

---

① 朱岩岩：《国内二语写作评估反馈研究调查》，《北京交通大学学报》，2014 年第 4 期。

② 杨晓琼，戴运财：《基于批改网的大学英语自主写作教学模式实践研究》，《外语电化教学》，2015 年第 2 期。

英语专业本科生，研究对象为硕士和博士的较少。

（二）研究方法

从研究方法上来看，从以“非材料性方法为主，以实证性研究为辅”逐渐发展到非实证性研究逐渐下降，实证性研究缓慢上升的阶段[①]。赵俊峰等（2010）也提出实证性研究已占据绝对优势。他通过对 2005 年至 2007 年间 71 篇文献分析发现，实证研究 63 篇，达到总数的 90.1%。从 2005 年的 83.3%到 2006 年的 92.3%，再到 2007 年的 95%，实证研究数量一直在稳步攀升。相比之下，非实证研究所占比例呈逐年递减趋势。当然，赵俊峰等的研究时间跨度只有 3 年，所选文献相对有限。但结合朱岩岩（2011）的数据可以确定的是，自 2005 年以后，实证性研究就一直高于非实证性研究[②]。此外，值得一提的是，随着信息技术和统计科学的发展，技术手段的运用和网络平台评估方式丰富了研究方法和数据采集方法，但从效度和信度上如何加强研究方法的科学性仍然是今后实证研究需要解决的问题。

（三）研究内容

李志雪、李绍山（2003）曾指出，传统的写作研究重点多年不变，关于写作教学方面的研究一直占比很大，所以重复研究现象严重，[③]如，介绍过程教学法和结果教学法的文章早在 1996 年就已经出现，但到了 2002 年仍然有相同主题的文章，内容和研究方法大同小异。写作影响因素和写作中的语言问题等也存在同样的重复研究现象。近年来，写作教学研究主题的强势地位逐渐削弱，写作研究内容呈现多元化、多角度，更加细致深入的发展趋势[④]。

---

① 赵俊峰，郝晶等:《大学英语写作研究现状调查》,《外语学刊》，2010 年第 6 期。

② 朱岩岩:《对我国英语写作研究发展的调查和思考——基于我国外语类核心期刊统计分析（1980—2010）》,《外语界》，2011 年第 12 期。

③ 李志雪，李绍山:《对国内英语写作研究现状的思考——对八种外语类核心期刊十年（1993—2002）的统计分析》,《外语界》，2003 年第 6 期。

④ 秦朝霞:《国内大学英语写作研究现状及发展趋势分析》,《现代外语》，2009 年第 2 期。

（四）研究手段

技术的革新与发展给英语写作提供了丰富的资源和发展契机。越来越多的高校建立起数字化教学网络，这些数字化教学设施不仅为学生提供了自主学习平台，营造了良好的学习环境，也为广大教师与学者提供了丰富的教学资源、教学平台和研究手段。

在线自动反馈方式成为研究写作手段的热点，其中最具代表性的是关于句酷“批改网”的实证研究。杨晓琼，戴运财（2015）将“批改网”写作系统应用于大学英语写作教学实践，指出“批改网”能够激发学生的英语写作兴趣与动机，对于学生自主写作能力及自我效能感的提高具有积极的促进作用，有利于探索与深化大学英语教学改革所倡导的新理念、新方法[①]。同时，也明确这种网络评估和反馈方式存在明显不足。但很显然，研究者在以上研究中对在线自主反馈更多持肯定的态度。但也有学者在关于“批改网”的研究中发现基于网络平台的评价和反馈具有明显的局限性，主要体现在如下方面：第一，在线自主反馈的重点多集中于词汇、语法等语言规范方面的内容，且对于结构相对复杂的句子错误无法识别正误，甚至存在错误的反馈；第二，对于写作内容、篇章结构、逻辑顺序、语篇衔接等方面的反馈相对较少或不能给予学生有效的反馈；第三，与教师的人工评分反馈相比，基于“批改网”的在线自主反馈评分显著偏高。以上研究结论所指出的弊端在后期笔者的教学实践中得到了进一步验证。在线自主反馈系统的弊端在某种程度上阻碍了在线自主网络评阅系统的推广与应用，也对未来在线反馈系统的改进具有积极的促进作用。因此，发挥在线评分系统的优势辅助写作教学，提高教学效果，一方面，需要注意提高在线系统的智能性，丰富语料库；另一方面，基于网络技术的写作评估与反馈方式要和其他反馈手段相结合，以弥补其不足。只有在大学英语写作教学中综合运用“批改网”等在线即时反馈、同伴反馈和教师反馈，学生的

① 杨晓琼，戴运财：《基于批改网的大学英语自主写作教学模式实践研究》，《外语电化教学》，2015年第2期。

自主写作能力及写作教学质量才会得到有效提高。

此外，大数据、移动学习等关键词也进入研究者视野并成为新的研究手段，如北京科技大学利用数字化写作教学平台开展相关教学与研究，探索数字化写作教学对传统写作课堂结构变革的促进作用和对大学生写作能力发展与写作动机的影响；李书影（2017）介绍了大数据与英语写作智能平台的结合，从人机互动、数据变化维度、人工反馈与机器反馈数据对比和AI主题文艺作品等角度解读学习者的自主学习特点和语言产出能力，探究大数据生态环境下英语写作教学的新途径[①]。优质平台的数字化学习资源能够有效地改善课堂教学结构，促进学生自主建构性地认知，从而提高写作文本的质量，做到语言流畅准确和内容丰富，并且数字化资源还有助于改善写作过程。因此，数字化学习资源类型丰富且具有微型化和开放性的特点，对学生英语写作能力的提高具有积极且深远的影响。毫无疑问，随着现代教育技术、网络远程教学和虚拟教学空间的发展，大数据与外语教育的有机融合将会改变新时代英语写作教学的生态环境，创新英语写作教与学的方式，为大学英语教学带来新的发展空间，并且必将成为今后英语写作教学与研究发展的新方向。

三、写作研究发展趋势

综上所述，国内英语写作研究可以分为三个阶段：第一阶段，英语写作研究起步期（2000年之前），此阶段英语写作研究刚刚开始，发展缓慢、研究主题相对集中，成果相对较少；第二阶段，英语写作研究发展期（2000年—2012年），这一阶段的英语写作研究从规模、研究主题和研究成果数量等方面取得了重大突破，英语写作的研究方法越来越科学，研究内容越来越细化，研究手段越来越多样化，极大促进了大学英语写作教学的发展；第三阶段，英语写作研究纵深发展期（2013年之后），随着“慕课元年”

① 李书影:《大数据时代英语写作教学的创新路径——以“2016年百万同题英语写作”为例》,《外语电化教学》，2017年第2期。

的到来，教育信息技术与写作研究融合，同时，以新文科、课程思政、自主学习和在线反馈等为主题词的教学理念接踵而来，更多的英语教师与学者关注到了大学英语写作教学的重要性，英语写作从研究主题到研究方法等层面迎来了新的机遇与挑战。基于以上梳理，笔者认为大学英语写作研究热点与发展趋势如下：

1. 二语写作中的身份研究

二语写作中的身份（identity）是目前英语写作研究中的热点与难点，它关系到写作的过程、结果、作者、教师和整个写作领域的方方面面。随着社会经济的飞速发展，越来越多的学习者意识到英语写作的重要性，写作能力提升再次成为广大教师和研究者们思考和探究的核心问题。在此背景下，运用英语语言构建作者身份，培养有国际视野、家国情怀，讲好中国故事的英语人才，进一步有效参与国际社会文化交流，具有较大的研究价值。因此，关于英语写作者身份研究、英语写作教师身份研究等写作领域身份研究将会成为我国二语写作教学与研究的新视角。

2. 数字化英语写作研究

随着现代教育技术的迭代更新和数字化学习资源的不断丰富，信息技术与外语教育的融合将进一步加深，信息技术赋能英语写作教学不仅有利于学生多元化学习资源的选择和自主学习能力的提升，也为教师教学资料的呈现、课堂活动的组织以及师生互动等提供了极大支持，同时，也必将推进写作教学与信息技术、数字化平台的无缝对接。通过构建英语写作教学系统，创建数字化英语写作资源平台，广大教师和学者可以借助系统平台进行教学数据分析，及时了解、掌握学生的学习状态，发现学生在学习中存在的困难与不足，从而进行教学策略调整或有效干预以改进教学效果。大数据环境赋予英语写作教学与研究更加广阔的空间。同时，大数据技术也将会对大学英语写作教学理念、课堂教学组织与实施以及对于英语写作能力的认知赋予新的内涵。因此，数字化时代大学英语写作教学与研究将会迎来新的机遇和挑战，也必将成为学界广大英语教师和学者继续探究的焦点。

另外，大数据时代的写作研究成果形式也将突破以传统研究论文、论著为主的局限性，数字化写作平台、虚拟写作教研共同体、在线智能评测与反馈系统或软件以及在线写作平台等新的写作研究成果形式将不断涌现。积极探索和建设数字化学习资源，构建数字化学习环境对促进大学英语写作教学改革，提高教学效果和教学质量，提升学生英语写作能力意义重大。在此背景下，如何利用现代信息技术助力学生英语写作个性化学习需求？如何利用大数据更好地为英语写作教学和研究服务？如何开发出更加智能化、更有针对性的写作教学与评估系统？如何建设一支数字化时代的英语写作教师队伍？这些都将是今后相当长时间内英语写作教学和研究者以及技术人员要面临的新课题。

总之，英语写作研究将会向着全方位、数据化和多元化的方向发展，产出丰硕的研究成果，从而反哺大学英语写作教学改革与发展。

3

第三章

大数据时代大学英语写作教学改革与创新

大数据时代已经到来，它已经融入了人们的生活和工作。一方面，人们在存储、分析和利用海量的数据为生活、工作带来便捷；另一方面，大数据也在改变着人们的行为方式与思维习惯。在大数据、人工智能、技术支持驱动下的外语教育改革必将迎来新的高潮。毫无疑问，大学英语写作教学也会因为大数据时代的到来迎来新一轮改革与创新。

第一节　大学英语写作教学的变化、挑战与机遇

2013年，深圳腾讯科学WE大会形成了这样一个共识：人类已经进入了大数据时代，数据已经成为一种资源，融入了现代社会经济、生活、教育各个领域并成为其重要的组成部分。本节以“大数据”为关键词，主要探讨大数据的特点以及大数据时代大学英语写作教学的变化、面临的挑战与机遇。

一、大数据的特点

（一）大数据可预测性强

在大数据技术支持下，大数据时代的一切行为都可生成数据，对其进行收集、分析即可发现数据背后隐藏的规律，以此便可对某一行为或事情的发展进行预测，从而形成对应的策略和建议。如，用户浏览网页就会留下痕迹，系统根据这些痕迹数据就会对用户的兴趣爱好形成预测，便会自动推送相关信息；某些商业网址可根据用户的购买数据判断用户的购买需求，进而推送相关产品或广告。再如，教学实践中，教师借助某种学习平台可以收集、整理、分析学生学习数据，以此了解学生的学习行为，评估学生的学习效果，为调整教学决策提供建议。

（二）大数据运用范围广

大数据是一种资源，也是一种技术，更是一种思维，可产生于社会的各行各业，也可以应用于社会经济生活的各个领域。如，消费者通过网络的购买行为，其选择的购买平台、产品的类型本身就是数据，但这些数据也可运用于网络平台、商家或政府部门为其提供新的服务。同样，大数据还可应用于教育领域，帮助教育者或教育部门提供教学质量监控、推进教育决策以及促进教育评价等。大数据已经成为各个领域必不可少的一种资源，正在潜移默化中改变着人们的工作、生活。

二、大数据给英语写作教学带来的变化

大数据走进了社会生活的各个方面，给大学英语写作教学带来了新的变化，具体体现在写作资源、写作目的、写作内容来源、写作手段、写作评价反馈等七个方面。

（一）写作资源丰富化

教学资源的丰富程度在一定程度上影响着教学的有效性。大数据时代对大学英语写作教学带来的最明显变化是拓宽了传统教学模式下教学资源来源的渠道，丰富了写作资源的数量与种类。传统模式下写作资源主要依赖师生所用的教材、教辅及学校等教育机构或平台提供的图书、报纸等纸质文本类资料。一般情况下，这类资料多以教师提供给学生为主，但随着大数据时代，互联网以及媒体技术的发展，写作资源的种类与数量更加多样化、多元化，除了文本资源，更多的音视频、网络实录课程、写作语料库、自主写作评阅系统等静动态写作资源蜂拥而至，获取途径也更加便捷，除了课堂教师提供外，学生根据需要利用网络便可以实现随时随地自由选择。丰富的写作资源不仅开阔了学生的眼界、丰富了想象力，也极大促进了写作教学效果的提升。

（二）写作目的明确化

写作的最终目的是在交流互动中表达思想和情感，英语写作也不例外。但在传统大学英语写作教学模式下，课堂教学实践中“重语言形式、轻思想内容”现象普遍存在，师生花费大量精力关注词、句、语法运用等语言形式层面的准确性，而忽略了思想内容的完整性、清晰性，逻辑的合理性等写作的本质需求。学生写作中常出现符合英语语法规则，但表意不清，观点不明的现象。究其根本原因是写作目的不明确，为了写而写，为了完成任务而写。大数据时代可以帮助学生实现写作中语言形式与思想内容的完美结合，多款自动写作软件可供选择并且帮助学生即时高效地解决语言形式问题，让学生将更多的精力用于谋篇布局，整理思路，充实内容上来。同时，大数据时代改变了学生只作为写作者的单一身份，在数字化环境下，学生既是作者也是读者，既是评价者也是反馈者。学生在与他人的互动交流中更能切身体会到写作是一种交流，理解写作的真正目的，进而提升自己的写作能力和思辨能力，而不是在唱“独角戏”，完成教师布置的作业。

（三）写作内容来源多样化

传统写作模式下学生多通过查阅纸质资料获取写作内容相关信息，费时低效，但在大数据时代，各种网络搜索引擎、语料库以及在线图书馆等在线数字资源与环境为学生收集写作主题相关内容带来了便捷，不但拓宽了信息的来源渠道，也极大提高了收集信息的效率。其次，WordNet、Evernote等辅助写作软件以及脑图软件等新型数字化写作平台可以帮助学生搜索相关话题内容，并且通过图表实现写作内容的直观化和可视化。另外，社交媒体及网络环境也为学生写作过程的交流互动搭建了平台，有利于学生碰撞思想、开阔视野，提升了学生思考问题的逻辑性与内容的完整性。

（四）写作手段智能化

大数据时代各种在线词典、语料库系统、在线写作辅助系统和评阅系统等应有尽有，不但可以帮助学生解决写作过程中的词句使用和语法问题，还可以提供体裁信息，自动生成参考文献清单，甚至开展多人合作写作等写作辅助服务。数字化写作辅助技术与平台的应用无疑改变了传统写作一张纸、一支笔的写作手段与方式，突破了传统写作的时空限制，可以随时随地开展写作任务，给师生带来了全新的写作体验，写作手段的智能化极大提高了写作效率。更为重要的是，数字时代的到来让人们感受到写作并不是遥不可及，而是成为人们日常生活工作的一部分。

（五）写作评价反馈方式多元化

评价反馈是英语写作教学的重要环节。但传统教学模式下，学生写作，教师评价的单向式反馈耗时、费力、低效成为写作教学的痛点。大数据时代各种在线自主反馈系统和平台，如批改网、iWrite写作教学与评阅系统、Peerceptive等，有效消除了传统反馈模式的弊端，能够及时对学生作文从词汇、语法、篇章、内容、衔接等维度进行评价，提供修改反馈建议并给出总分。这种即时在线反馈方式有效降低了学生的写作焦虑情绪，激发了学生英语写作的兴趣。同时，大数据时代也为智能评价、同伴互评、师生互评等多元反馈模式构建提供了技术支持，学生通过与同伴、师生的交流互动和评阅他人习作不断丰富自己对写作的认知，提高了自身的写作能力和批判思维能力。

（六）写作成果过程化

传统英语写作教学模式下，学生向教师提交写作成稿标志着一次写作任务的结束。学生一旦提交作文意味着本次写作活动就告一段落，可以说“一稿定终身”。换言之，教师通过学生提交的一稿作文便可判定学生的写作水平。大数据时代对写作结果的评价与认定刚好相反，教师会根据写作任务的具体目的，更多关注学生写作过程的综合表现，以毕业论文写作为例，教师对于毕业论文结果的评定始于毕业论文的选题，终于论文答辩，但中间开题报告的撰写、开题答辩、一稿、修改完善、终稿等每一环节都会留下数据，成为学生写作结果认定的组成部分。对以上过程数据进行综合分析，便可对学生的语言能力、专业知识、思辨能力以及创新意识得到较为客观的评价。因此，大数据时代学生写作活动的过程数据将是写作结果的重要依据，在一定程度上决定着对学生语言能力和写作水平的整体评价。

（七）写作教学社会化

传统写作教学模式下，写作教学以及写作活动更多局限于校园内、班级中或者课堂上，但大数据时代写作教学活动的开展与实施会打破这一局限，课堂边界会变得越来越模糊。比如，疫情期间，教师利用数字化学习App，发布写作任务，通过学习通、微信、腾讯会议等社交媒体与在线会议或学习平台实现学生异地云端上课；中国慕课平台、智慧树、网易公开课等在线平台的课程共享打破了班级规模、地域时空的制约，万人同课共享优质教学资源，极大丰富了学生对于写作学习的个性化需求，写作学习行为变得更加互动化、社会化。再如，在线互动等数字化技术将写作教学与社会直接对接，使得协作写作、异地同课、同题写作，甚至跨洋写作等新的写作模式成为现实。此外，社会环境也可以成为课堂上写作教学的有益补充。比如，国内外主流媒体或社交平台都设置了读者反馈与论坛专栏，学生可以自由参与互动，交流观点，发表真实感言，广开言论，以此方式学生丰富了认识、开阔了视野、提升了思辨能力。

三、大数据给英语写作教学带来的挑战

大数据和外语教育相结合为大学英语写作教学改革与发展带来了无限的前景。但不可否认，大数据时代的大学英语写作教学也将面临新的挑战。

（一）对教师知识体系的挑战

传统课堂教学模式下，教师是教学资源的拥有者和知识的传授者，英语写作教师也概莫能外。课堂教学是体现教师权威的主要阵地，固定的教

材、教学经验结晶的教案、灌输式的授课方式等因素导致了英语写作教师知识体系的相对固定化。但大数据背景下，这一千篇一律的教学模式将会一去不复返，而英语写作教师一劳永逸、一成不变的知识体系将会被飞速发展的大数据教育方式淘汰。大数据时代对于教师的挑战，正如梁文鑫所言："教学决策将跨越人类的有限理性，从依赖存在于教师头脑中的教学经验转向依赖于对海量教学案例的数据分析"①，教师若不能与时俱进更新知识体系，精心设计课堂教学、重组教学内容、改进课堂教学方法，则无法满足成长于大数据时代"网络原住民"个性化学习需求，势必会被淘汰。因此，如何更新知识体系是大数据时代英语写作教师面对的首要挑战之一。

（二）对教师信息技术应用能力的挑战

大数据背景下，传统课堂教学模式受到了极大的挑战，大学英语写作教学必将从传统课堂"讲授式"转向"互联网+"环境下的智慧教学。智慧教学环境下，教师利用信息技术和在线优质教学资源开展教学活动成为必然。这对大学英语写作教师的信息技术应用能力带来了新的挑战，提出了新的要求。第一，教师应具备信息环境下教学资源和教学信息的搜索获取能力。第二，教师应熟悉各类层出不穷的在线智能写作软件、网络写作系统以及写作语料库并且具备相应的操作使用能力。第三，教师应具备利用各类课程平台、教学工具和写作学习App开展教学活动的能力。第四，教师应具备推荐并使用公开课、慕课平台分享课程资源的能力，具备利用音视频软件录制授课视频的能力。第五，教师应具备利用智能化学习平台以及在线写作反馈系统等跟踪、监督学生学习行为并及时收集、分析学习数据，适时反馈的能力。

（三）对写作教学评价的挑战

大数据时代带来评价手段的变革，如何利用大数据技术客观分析、评

---

① 梁文鑫:《大数据时代——课堂教学将迎来真正的变革》,《北京教育学院学报（自然科学版）》，2013 年第 1 期。

价写作教学是大学英语写作教师面临的另一挑战。这里的教学评价包括对教师教学的评价和对学生学习的评价两个维度。首先，在教师教学评价方面，传统教学模式下教师教学评价一般以课堂教学为主，评价方式多具主观性，而大数据时代，评价的指导思想是“用数据说话”。因此，对教师的评价将会更关注过程而不会聚焦某个环节，除了课堂教学之外，课堂教学设计、教学组织及课后指导等均会纳入评价的指标，评价方式更为客观全面。其次，在学生评价方面，大数据将打破传统英语写作教学实践中教师评价的权威，在数字化写作教学平台以及在线自主评价系统的辅助下，学生评价更倾向于采用学生学习过程数据对学生学习行为进行客观评价，而非仅仅采用结果评价。除此之外，教师评价、同伴互评与在线反馈等多元化评价将成为趋势，评价方式将会更加立体化、科学化。因此，大数据时代如何转变评价思维，从经验主义走向数据主义，对写作教学进行科学的评价是大学英语写作教学亟待解决的新问题。

（四）对写作教学内容的挑战

大数据背景下，网络技术和云课堂等数字化平台的出现，传统课堂结构将发生巨大的变化，由原来固定、相对封闭的教学空间转变为一个多模态、多情境、多资源渠道的综合开放式学习系统。传统课堂教学的概念将被改写，英语写作教学不再局限于时空的限制，教师唯教材、唯教案的授课方式将会受到极大的挑战。大数据时代的英语写作教学内容也将包罗万象，形式多样，不但包括线下传统纸质资源，也拓展到线上一流课程、公开课程，甚至语料库资源以及写作教学平台等数字化优质教学资源也成为教学内容的一部分。在此背景下，教学方式循规蹈矩，教学内容照本宣科已完全无法满足信息时代学生的学习需求。因此，面对优秀教师的公开课以及扑面而来的优质平台的教学资源，制定多元化教学方案，构建数字化教学课堂新生态是大数据时代大学英语写作教师面临的巨大挑战，如何重组大学英语写作课程教学内容以满足学生个性化写作需求，适应数字化时代的大学英语写作教学是英语写作教师亟待解决的问题。

四、大数据给英语写作教学带来的机遇

挑战与机遇并存，大数据和互联网信息技术给大学英语写作教学带来了挑战，也必定会带来新的发展机遇，促进大学英语写作教学改革的步伐。

（一）大数据背景下个性化自主学习成为可能

大数据时代的到来催生了教学工具的改变，智能化自主在线学习平台和智能测评App软件日益丰富，如雨课堂、超星、中国大学MOOC以及校本智慧教学平台等，将成为大学英语写作课堂教学的有益支撑。这些教学工具不仅可以分析学生的学习需求和学习情况，还可以根据学生的学习行为数据，智能化推荐适合学生学习的资源和方法，帮助学生提升学习效率，进而使得学生个性化自主学习成为可能。比如，基于大数据的自主在线学习平台超星泛雅课程中心，学生可以进行课前预习、课前诊断测试、完成问卷调查、课程拓展学习、课后写作任务以及分享学习成果等一系列学习活动，而平台可以反馈学生的学习行为数据以及学生在自主学习过程中的表现，甚至可以辅助教师对学生进行智能化提醒，督促学生尽快完成课前学习任务。同样，教师通过平台数据可以及时了解学生多样化学习需求，掌握学生学习进度，发现学生学习中的困惑与不足，以便及时调整教学计划，进而给予有针对性的课堂指导。因此，基于大数据的自主在线学习平台可以帮助学生养成良好的学习习惯，培养自主学习能力，进而提高英语写作课堂教学效果。

（二）大数据背景下英语写作课程体系更加优化

大数据时代给予传统大学英语写作教学的最大福利就是海量优质教学资源。换言之，基于大数据的在线网络教育的核心竞争力就是课程。随着大数据技术的发展，以“开放共享”为特征的慕课及慕课平台纷纷涌现，如美国的Courera、edX、Udacity以及我国的好大学在线、中国大学MOOC、学堂在线以及爱课程等，为大学英语写作课程带来了挑战及机遇。以美国最大的两家在线教育平台Coursera、edX和我国的中国大学MOOC为例，这

些慕课平台收集了来自世界名校从人文到科技各个学科门类的课程资源且有多种授课语言可供选择，其中edX所提供的课程门数多达2100多门（排名前10的慕课课程见表3-1），课程语言达15种之多，其中英语为中介语的课程有约1900多门，占90%（详见表3-2）；而Coursera及中国大学MOOC课程总数分别超过3800门，6800门。

表 3-1　edX 平台排名前 10 的课程（按数量）

课程名	数量（个）	占比（%）
Computer Science	584	27.5
Business Management	436	20.5
Engineering	313	14.7
Social Science	287	13.5
Humanities	240	11.3
Data Analysis & Statistics	223	10.5
Science	202	9.5
Economics & Life Science	197	9.3
Biology & Life Science	158	7.4
Physics	145	6.8

表 3-2　edX 平台 MOOCs 课程（按语言分类）

语　言	课程数量（个）	占比（%）
English	1913	90.0
Spanish	188	8.8
Chinese-Mandarin	57	2.7
French	47	2.2
Italian	26	1.2
Russian	5	0.2
Portuguesee	5	0.2
Dutche	3	0.1
Turkishe	3	0.1
German	2	0.1
Korean	50.2	
Arabic, Chinesesimplified, Hindie	1+1+1	0.1

以上各类优质慕课平台就像一个个大型的课程自选超市，质优价廉，甚至免费开放，为大学英语写作教学带来无限可能。首先，对于学生来说，足不出户就能享受到来自世界各国顶级学校，顶级教师的授课，徜徉于自己感兴趣的课程之间，学生知识结构体系的完善以及学术视域的开阔可以想象。其次，对于英语写作教师来说，面对国内外海量的优质课程，自己原有的教育理念、学术认知和知识体系势必得到更新，而这种更新必将反哺到写作课堂教学，最为直接的体现便是完善了写作课程教学体系、重组了课程教学内容，通过数字技术支撑实现写作课程教学效果的最优化，其最直接的受益者便是学生。

（三）大数据促进写作教师专业化、复合型发展

信息技术是大数据时代深化英语教学改革的重要保障，为英语教师的专业发展带来了无限可能，当然也包括写作教师。首先，信息技术的发展催生了个性化自主学习、泛在学习等新的教育教学理念，聚合了无数开放共享且学科门类丰富的优质慕课教学资源，改变了教与学的环境。同样，大量资源信息的涌现打破了教师知识获取路径单一的局面，为英语写作教师开阔视野、了解前沿、更新理念、完善专业结构以及扩充知识储备成为专业化、复合型教师成长提供了多样化路径，也搭建了良好的教师专业发展平台。其次，大数据技术的发展与应用使得流利说、iWrite写作平台、驰声、中国大学MOOC等各种智能测评软件和在线学习平台蜂拥而至，写作教学中运用信息资源和平台组织教学，收集挖掘并应用数据，以此提高写作教学效果成为教师的必然选择。在此背景下，英语写作教师也必将迅速做出反应，提升自身信息技术能力及素养方能适应大数据时代大学英语写作教学的新要求。此外，大数据技术的应用使得教与学的工具发生了重大变革，学习方式更加灵活、生动，学习内容更加多样，这就要求教师要与时俱进，树立终身学习的理念，教学中坚持以学生为中心、以学习为中心，要基于学情精心设计教学，合理策划教学活动做到因材施教；在教学实践中不断反思提升自身对写作教学的认知及时调整角色，全面提升职业素养

与专业能力。总之，大数据时代信息技术与英语教学的融合以势不可挡的发展趋势成为写作教师面对的新课题，基于大数据的新生态教学环境突破了时空限制，使教师与教师、教师与学生的关系转向了团队合作，为教师专业发展带来了无限可能。因此，英语写作教师要以开放的态度积极应变、主动求变方能适应信息技术推动下大数据时代大学英语写作教学的新要求。

挑战与机遇并存，大数据背景下的数字化写作环境转变了教师的教学理念，创新了大学英语写作教与学的方式，为英语写作教学与研究提供了更广阔的发展空间。

第二节 信息化时代大学英语写作教学改革与探索

科学技术与全球化进程飞速发展，国家之间高度竞争又相互依存，各国的交流往来比以往任何时候都更加频繁。因此，培养具有跨文化交流及国际化视野的高素质人才是新时代向大学英语教学提出的新要求。在这样的大背景下，社会对大学生英语写作能力的要求与期望逐渐升级，提高学生写作能力成为新时代大学英语写作教学的首要任务。信息化时代，如何利用信息技术赋能大学英语写作教学，更新理念、创建新时代大学英语写作教学新生态环境，重构信息化时代大学英语写作教学模式，激活学生写作动力，切实提高学生写作水平已成为亟待解决的时代命题。

一、大学英语写作教学模式变革的必然性

首先，英语写作的重要性是促进大学英语写作教学改革的加速器。关于写作的理论与实践可以追溯至古希腊时期的修辞学，被哲学家亚里士多德称为“劝说的艺术”。由此可见，写作的交际功能历史悠久。随着语言学的发展，人们对写作有了较为全面的认识，认为写作是运用语言实现交

流沟通的创造性脑力劳动，是一个人观察想象、语言表达、交际及思维创新能力的综合体现。写作训练在西方教育中小学、中学、大学各阶段均占有非常重要的地位。就我国外语环境下的英语教学而言，由于多数学生英语学习相对缺少真实的英语交流、思维环境，英语写作就成为运用英语进行思考的重要途径，其不仅能够培养学生用英语交流的意识，促使语言知识内化，而且可以促进思考、提升推理辩证能力。因此，大学英语写作教学改革是对英语写作重要性日益凸显的应然回应。

其次，大学英语写作教学改革是数字化时代大学英语写作教学发展创新的内生动力。信息化时代，教育技术与外语教学的融合共生是外语高等教育发展的必然趋势。在此大背景下，大学英语写作教学从教师、学生到课堂教学组织与实施等各个教学要素与环节都面临着巨大的挑战。在教师层面，各类数字化教学工具及海量优质教学资源的不断涌现对教师信息技术能力、专业知识储备与更新和教学内容的优化组合能力等提出了更高的要求。在学生层面，面对海量的优质学习资源及生动、直观的数字化学习工具，学习资源获取路径日益多元，学生由知识的被动接收者成为主动建构者，成为学习活动的主体，学习突破了时空界限，泛在化学习无处不在，学习方式的改变倒逼教学方式的变革。在课堂教学组织方面，各种慕课平台、在线写作教学系统以及智能化自主评阅系统等无不对教学环境、教学内容、教学方法和教学评价等教学环节提出了前所未有的要求。因此，面对数字化智慧教育和信息技术带来的一系列变化，大学英语写作教师唯有不断提升自身认识，主动识变、积极应变，在先进的教学理论指导下，基于教育信息化手段，以学生写作能力提升为目标，将信息技术和英语写作教学深度融合，变革传统课堂教学生态环境，重构大学英语写作教学模式，大学英语写作教学方能抓住机遇乘风破浪，迎接挑战适应时代发展的新要求。

二、信息化时代大学英语写作教学改革探究

信息化时代大背景下，为了探索信息技术赋能大学英语写作教学的有

效路径，切实提高学生写作能力，大批学者、专家立足写作教学现状从不同视角对英语写作教学改革做出了有益探究。陈庆斌（2016）在分析传统大学英语写作教学主要问题的基础上，提出从新型读写能力培养，教学内容及资源的整合，传统教学方式的更新，新型师生、生生关系的构建和新型考评体系的完善五个方面重构大学英语写作教学模式[①]，以顺应时代发展需求，培养信息化时代复合型、应用型英语人才。胡加圣、靳琰（2015）从跨学科视角出发，以外语教学和语言学理论、教育学及心理学等教学法为基础，以教育信息技术等为基本构成要素，构建跨学科的教学体系。他们针对读写分离的课程划分现状，指出语言教学中普遍存在重输入、轻输出的现象，从而设计出“以读促写，以写促读”的教学模式[②]（见图3-1），将“读”与“写”紧密结合起来，目的在于提高学生的阅读、写作和整体语言水平。该教学模式设计的优势在于能够利用网络环境，将课堂内读写优势与网络读写完美融合，丰富了教学手段及教学资源，不但扩大了学生的阅读面，做好语言输入储备，也增加了写作量，促成了语言输出。在多模态互动教学平台的支持下，语言输入和输出实现了无缝对接，良性循环，有效促进了学生英语读写能力的提升。

① 陈庆斌：《大数据时代的大学英语写作教学模式重构》，《外语学刊》，2016 年第 3 期。

② 胡家圣，靳琰：《教育技术与外语课程融合的理论与实践研究》，《中国电化教育》，2015 年第 4 期。

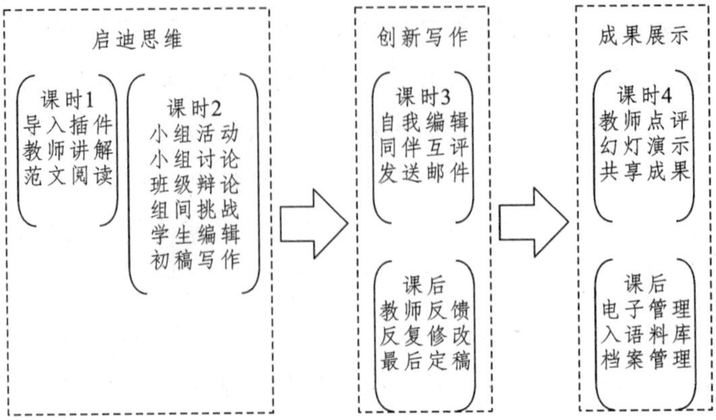

图 3-1　读写模式下的英语写作教学模式

此外，也有学者对英语写作教学模式进行实证探究，如邵春燕（2016）基于社会文化理论提出了英语专业写作教学的多角色参与模式①。该模式下教师创设不同课堂活动情境，学生通过扮演思考者、作者、编辑、读者、裁判等多重角色，体验写作过程，发挥主体作用。在此基础上，作者以山东某高校英语专业二年级两个平行班为研究对象，开展了为期16周的英语写作实证研究。结果表明，该模式能够有效提升学生写作水平，对学生写作能力的可持续发展及自主性学习具有积极影响。同时，指出该模式的有效性对于教师提出了更高的要求，比如教师对于学生的了解，教师课堂活动的设计与组织能力等。王保健等（2017）尝试在数字信息化背景下构建大学英语过程写作教学模式②。结果表明，过程写作教学模式得到了学生的普遍认可，学生写作成绩有了较为明显的提升，极大改善了课堂学习氛围，提升了写作课堂教学效果，有助于学生写作水平的提升。

特别值得一提的是，2012年北京科技大学英语教学团队在全国范围内首次尝试开设了数字化英语写作实验课程，开始探索数字化写作教学模式。该课程基于优质教学资源平台，将信息技术和英语写作课程进行深度融合，

① 邵春燕：《社会文化视角下英语专业写作教学的多角色参与模式》，《外语界》，2016 年第 2 期。

② 王保健，窦琴，胡国强：《数字信息化环境下大学英语过程写作教学模式研究》，《黑龙江教育（高教研究与评估）》，2017 年第 11 期。

探索数字化写作教学对学生写作能力及写作动机的影响并对传统写作教学模式进行探索性重构，提出了数字化英语写作教学模式（见图3-2）。

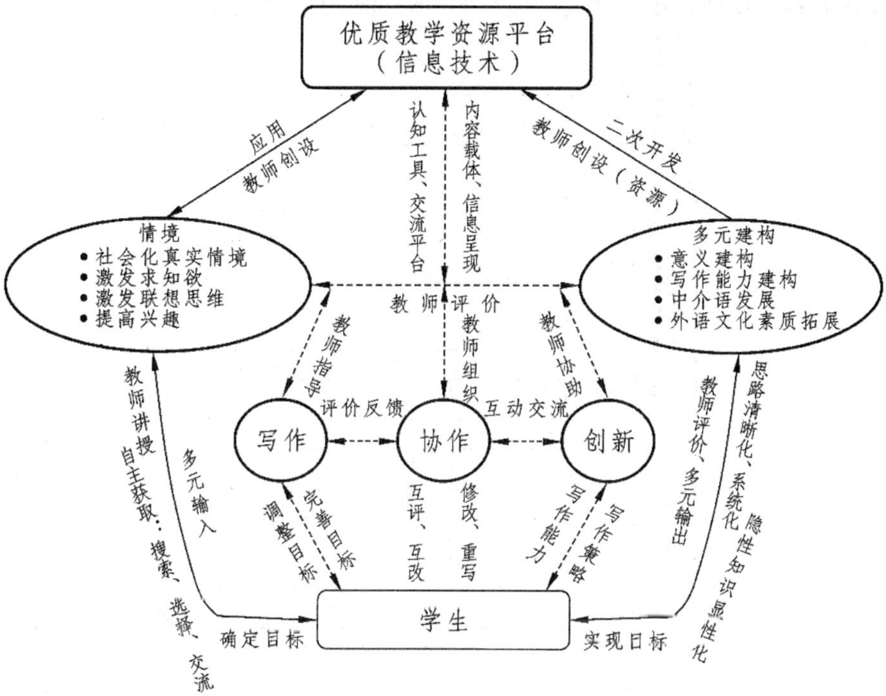

图 3-2 数字化环境下大学英语写作教学模式①

该模式依托清华大学杨永林教授及其团队开发的“体验英语—写作教学资源平台”（Teaching Resources Platform），运用网络技术为学生创设英语写作的真实情境，满足学生信息获取、资源共享、多重交互、即时反馈等多种学习需求，以此激发学生写作欲望，引导学生主动探索，积极思考，提高写作学习兴趣。整个写作过程（见图 3-3）分为写前准备、写作阶段和写后评议三个阶段，教师与学生在教学平台支持下，积极互动。教师上传学习资源，布置学习任务，指导学习过程，组织教学活动，而学生利

① 王娜：《创新写作教学，体验数字写作——来自北京科技大学“信息技术与英语写作课程整合研究”的报告》，《中国外语》，2014 年第 2 期。

用平台，按照学习任务要求，下载学习资源，通过自学、提问、质疑、讨论、写作、反思、建构等环节完成学习任务。在此过程中，学生经过与师生的互动、反馈，反复修改写作，形成对写作知识的内化与意义建构，从而实现了写作能力的提升。

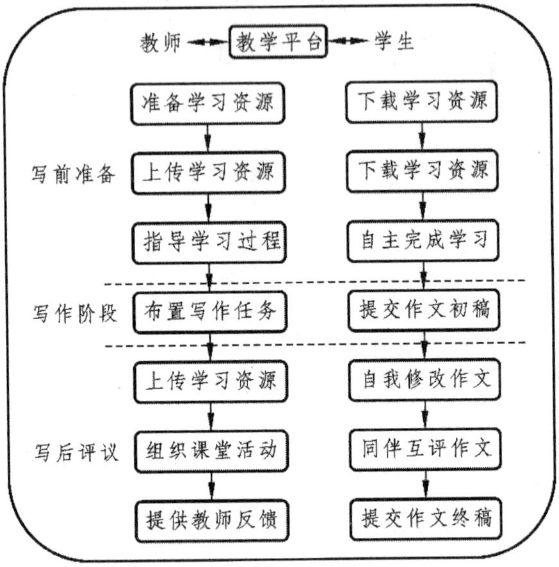

图 3-3　数字化英语写作教学模式——写作过程图①

综上所述，基于该模式的探索与实践为大数据时代进一步深化大学英语写作教学改革提供了有益的参考，其主要启示有：第一，优质教学资源平台是信息化时代大学英语写作教学改革的必要保障。教学资源建设应该具有系统性、连续性和相关性以确保写作课程的可持续发展、教学内容的完整性，满足学生多元化学习需求。第二，师生角色的合理定位是大学英语教学改革的基本保障。信息技术支持下，教师要从传统课堂教学舞台的中心转到台前幕后，课前做好教学活动的设计者、引导者，课中做好教学活动的组织者、指导者，课后做好教学任务执行的监督者、反馈者，而学

① 陈娟文，王娜：《基于数字化学习资源的英语写作能力培养》，《现代教育技术》，2016 年第 5 期。

生在学习过程中做好学习任务的执行者、学习活动的参与者、知识的建构者和学习任务完成情况的反思者，只有师生协作，发挥学生主体、教师主导作用，才能营造和谐、高效的写作课堂新生态。第三，信息技术与写作教学的深度融合是大学英语写作教学改革得以顺利实施的润滑剂。信息技术的发展为大学英语写作教学带来了丰富的优质教学资源，包括优质教学视频课程、语料库、智能写作辅助系统、教学工具等。这些资源只有通过信息技术才能与大学英语写作课程有效融合，创设出生动化、立体化、智慧化教与学的真实环境，激发师生双方的主动性，教学相长双方受益，实现教学效果的最大化，共同促进大学英语写作教学改革的纵深发展。

第三节　基于建构主义的大学英语写作教学模式构建

教学模式是在一定的教学思想或教学理论指导下，建立起来的较为稳定的教学活动结构框架和活动程序[①]。在教育信息化大背景下，如何将先进外语教学理论与信息技术相结合，以破解大学英语写作教学效率低、路径单一的教学困境，是大学英语写作教学改革的趋势，也是本书撰写的出发点与落脚点。在此背景下，笔者所在学校“英语写作”课程教学团队结合学生学情，深度分析大学英语写作教学现状，更新课程教学理念，重置课程教学目标，聚焦学生英语写作能力提升，利用信息技术赋能英语写作教学，尝试构建了大数据背景下基于建构主义理论的英语写作混合式教学模式框架。

一、基于建构主义的大学英语写作教学模式要素

数字化技术的日新月异为教育教学改革与发展提供了强大的助推力，

① 张林泉：《统计学混合式教学模式的探索与实践——基于教学设计支持的视角》，《高等理科教育》，2021 年第 2 期。

对大学英语写作教学变革与发展的作用尤为显著。因此，以大数据技术为依托，新时代大学英语写作教学模式构建应具备如下要素。

（一）丰富的数字化学习资源

随着信息技术的发展，以移动学习、泛在学习、个性化学习为特征的数字化学习已成为大数据时代学习方式的主流，而数字化学习资源是数字化学习得以顺利进行的基本保障。因此，数字化学习资源建设对大数据时代实践创新教学理念，探索大学英语写作教学改革，重构写作教学模式意义重大。纵观我国外语教育信息化发展历程，随着教学理念的转变，数字化学习资源建设内容也在不断更新迭代（见表 3-3）。

表 3-3　数字化资源建设内容演进

发展阶段	教学理念	数字化资源建设内容
计算机辅助教学	以学为主	课件类（多媒体课件、CAI 课件）、案例类（典型课例、教学设计方案、各类试题）资源
网络辅助教学	以学为主	多媒体素材类（微课视频等）、文献资料类（相关学习资料补充）和信息化学习工具（在线词典、在线互动学习工具等）类资源
信息技术与外语教育深度融合	学教并重	上述两类资源的结合、智能化教学工具、在线写作辅助系统、智能写作反馈系统及语料库检索工具等

大数据环境下，数字化资源建设的重点是支持“学教并重”的数字化学习资源建设，其特点是基于课程平台，整合多元学习资源，创设真实情境，既要体现教师的主导地位，关注教师的“教”，又要发挥学生的主体作用，促进学生自主的“学”；既要重视辅助教师解决教学的重点，攻克难点，提高教学效率，也要更好地凸显学生主观能动性，充分调动学生的积极性以及课堂参与度，激发其创造力。因此，不同于传统教学资源的“课件模式”（如表 3-4），数字化学习资源以生成性、微型化、智能性、可进化发展

的学习元[①]为单位，资源内容丰富多元、短小精悍，更具有靶向性，可作为独立的“微资源”服务于学生自主学习、泛在学习，抑或作为半开放式学习资源用于写作课堂教学服务于学生探究式学习。

表 3-4　传统教学资源与数字化学习资源之比较

类　别	传统教学资源	数字化学习资源
开发原则	以教师为中心	以学习者为中心
教学时长	45 分钟/学时	5 分钟左右/个知识点
资源内容	教学内容完整，较全面	短而精，针对性强
资源形态	静态资源居多（教案、课件等文本性资源）	多形态资源（微视频、课件、文本等）
资源结构	较为固定、交互性较差	动态开放式交互资源
应用范围	课堂教学	课堂教学、自主式学习、泛在学习

（二）先进的教学理论

纵观我国外语教育70年的发展历程，在教育教学理念、信息技术与教学融合、外语教师队伍建设、外语教学改革等方面取得了长足的进步。但不同时期的大学英语教学改革都离不开先进的教育教学理论为指导，正如杨永林、丁韬（2011）所言“没有理论的指导，语言教学研究易于成为一种‘口耳之学’”[②]，没有理论指导的教学改革实践是盲目的实践，必将事倍功半，甚至徒劳无功[③]。

自 20 世纪 80 年代以来，作为教育心理学领域重要理论流派之一的建构主义理论，广泛应用于我国外语教育教学实践并不断与时俱进，产出了较为丰富的成果，影响深远。经典建构主义理论核心思想强调以学生为中

① 余胜泉，杨现民，程罡：《泛在学习环境中的学习资源设计与共享——“学习元”的理念与结构》，《开放教育研究》，2009 年第 2 期。

② 杨永林，丁韬：《从社团实践理论到英语写作课堂——快乐写作八要素》，《中国外语》，2011 年第 1 期。

③ 何克抗：《对美国信息技术与课程整合理论的分析思考和新理论的构建》，《电化教育研究》，2008 年第 7 期。

心的教学理念，认为学习是学生与环境交互的基础上自主建构的结果。在这一思想的指导下，基于计算机网络技术的建构主义教学模式在外语教学中逐渐盛行，各类计算机辅助教学资源日益丰富，如CAI课件以及各类教学设计方案等，但对学生自主探究协作式活动关注相对不足。随着信息技术的发展，教育教学改革实践的不断深化极大促进了教育教学思想的与时俱进，新型建构主义应时而生，更加强调主观与客观相结合的认知主义学习观，实现了认识论和教学论的双突破，即从认识论角度实现了由主观向主客观相统一的转变，从教学论视角实现了由以学生为中心转向“学生主体—教师主导”相结合的转变。新型建构主义对于外语教学的启示是在数字化学习工具与环境的支持下，将教师主导与学生主体相结合，从而创立智慧化、立体化的“教与学”的新生态。汲取了中国实践、中国智慧的建构主义理论必将在“互联网+智慧教育”时代焕发旺盛的生命力，成为信息技术背景下，大学英语写作教学模式重构的重要理论指导与保障。

（三）混合学习教学设计

外语教育发展70年来，我国外语教学内容、方法、评价等层面都发生了翻天覆地的变化，尤其是进入21世纪以来，随着信息技术的发展，混合学习成为外语教育领域研究的热点。何克抗在第七届全球华人计算机教育应用大会上首次提到混合学习（Blending Learning）这一概念，他认为“把传统学习方式的优势与数字化学习的优势结合起来，才能达到最佳学习效果”①，并指出这是未来教育技术发展的趋势。随着MOOC运动的到来，混合学习的影响力迅速提高，被认为是教育技术与课程深度融合的标志，引起了国内外学者的普遍关注。柯蒂斯·邦克（Curtis J. Bonk）提出混合学习是“面对面教学和在线学习的结合”②。很显然，这一结合不是两者的简单相加，而是教学各要素的有机融合与深化，体现了人们对“以学生为中心”

① 何克抗:《从Blending Learning看教育技术理论的新发展》,《电化教育研究》,2004年第3期。

② 詹泽回，李晓华:《混合学习：定义、策略、现状与发展趋势——与美国印第安纳大学柯蒂斯．邦克教授的对话》,《中国电化教育》,2009年第12期。

“以学为主”的教学设计，信息技术与课程整合等理念认知的深化。由此可知，混合学习的真正内涵是融合，具体特点见表3-5。

表 3-5　混合式学习特点

类　别	混合式学习特点
形式上	在线学习与课堂教学的混合
理论上	建构主义理论、行为主义理论、认知主义理论在教学方式上的融合
实现途径	以数据为依托，对获职、交流和提升知识层次进行的选择

教学设计是指“根据教学对象的水平和需要，在确定合理的教学起点和教学终点的基础上，对文本内容重组和转化，有序并系统地安排教学诸多要素，使之形成教学预设方法的过程”①。因此，混合学习教学设计应始终坚持以学习者的学情与需求为中心，科学设计教学过程，平衡教学各要素相互作用，在技术与教学方式协同的作用下将媒体、学生、教师、环境等要素有机联动，从而实现教学效果的最大化。换言之，混合学习教学设计是以帮助学生实现有效学习，提升学习效果为目标，以数字化教学资源为平台，利用信息技术为学生提供真实、和谐、协作的实践活动情境，通过师生、生生互动交流，引导学生体验感知并内化所学知识，完善认知结构实现个人成长的过程。混合学习教学设计包括人、技术、环境、目标、内容及方法六大元素。

第一，混合学习中的人。利用大数据整合分析的功能，发现学习者思想、行为和心态的变化，精准分析学情，实施个性化教学，真正做到因材施教。

第二，混合学习中的技术。混合学习教学设计需要通过技术实现对学习者的理解，特别是学习者的情境，如学习者自身情境、物理情境、人机交互情境和社会情境等，为其在恰当的时机提供恰当的信息和服务。通过以上情境进行建模并形成结论，以协助教与学的开展。

① 吴南中:《混合学习视域下的教学设计框架重构——兼论教育大数据对教学设计的支持作用》,《中国电化教育》, 2016 年第 5 期。

第三，混合学习中的环境。混合学习是一种线上线下环境的融合，即通过线上、线下学习优势打造一个适应知识构建的场域，找到在线学习和面对面学习的接点，实现学习效果的最大化。

第四，混合学习中的目标，包括短期目标与终极目标。混合学习的短期目标是随着学习进展不断调整变化的，具有动态化的特征，是知识与技能、过程与结果、情感态度与价值观三个维度的综合体现。混合学习的终极目标是在信息技术辅助下，优化教学资源配置、创新教学模式，最终实现人的全面发展和可持续发展。

第五，混合学习中的内容。教学设计的本质是有效解决学生学习过程中的学习问题。因此，教学内容设计要关注如何将现有内容通过各种机制进行适配，如何在三维目标的基础上实现个体的和谐发展，如何在困惑中到找到解决问题之道，在思考中形成观点三个问题。

第六，混合学习中的方法。教学设计本身就是一种方法，其目标是设计出“最优化”学习途径。从本质上来讲，混合学习的教学设计方法是教与学不同方法的集合，包括线上线下学习的组织，引导学生参与多元交互的方法，利用大数据进行反思的方法等。为了促进学习效果，混合学习中方法设计需要注意的是混合学习方法的应用需要合理融入人文价值，促使学习者在人文环境中成长，使混合学习的开展更具有“温度”。

二、基于建构主义的大学英语写作混合教学模式

（一）内涵解读

基于建构主义的大学英语写作多元混合教学模式框架（见图3-4）是以建构主义理论为指导，利用信息技术辅助教学，依托优质教学资源平台，发挥“教师主导—学生主体”的作用，突出学习环境的创设，引导学生在情境体验中开展探究式、互动式学习，通过教师引导协助，学生合作展示，帮助学生实现知识的建构，促进学生写作能力提升，进而提高大学英语写作教学质量。

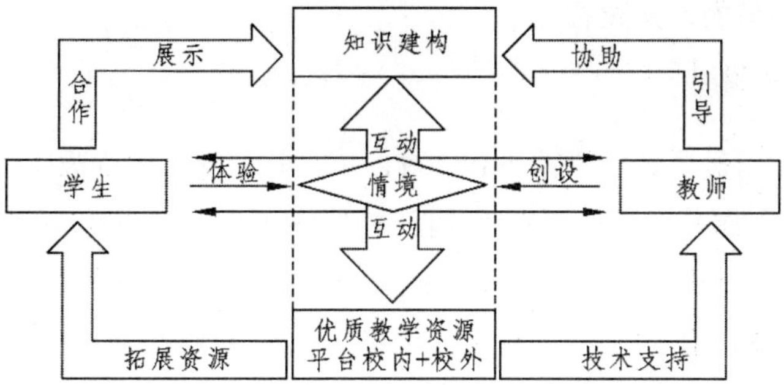

图 3-4　基于建构主义的大学英语写作多元混合教学模式框架

（二）特色

与以往大学英语写作教学模式相比，该教学模式框架主要特色体现在如下方面：

1. 理论引领

该模式以建构主义核心理念为指导，强调学生主体与教师主导相结合，通过情境、协作、交流和意义建构四个环节完成学习过程。首先，要求教师在充分了解学情的基础上，创设有利于帮助学习者建构意义的真实情境以确保学习活动的有效性。强调情境创设是整个教学过程最为重要的环节，具有举足轻重的作用。其次，强调协作活动的重要性。协作是指教学过程中人与人、人与环境、人与技术之间的多边协作，其中人与人之间的协作最为重要，包括教师与学生之间、学生与学生之间的协作。协作活动要贯穿整个学习活动全过程以促进学生意义的有效构建。再次，交流是整个学习过程中最重要的环节，影响整个学习进程的推进与效果。这一过程中学生在师生、生生之间的交流协作体验中，通过展示、合作、汇报等多种形式共享学习成果，互鉴互促，激发学生学习潜能和创新精神。意义建构是教与学的终极目标，要求所有活动设计、执行均应坚持目标导向以促成学生意义建构。教师通过营造合作交流的学习环境，设置生生、师生合作交流的活动，促成学生对学习内容的认知，进而形成升华，最终帮助学生实现对所学知识的意义建构。

2. 技术赋能

充分利用优质教学资源平台，校内依托超星泛雅课程教学中心完善教学资源，建设校本英语写作慕课课程；校外依托Achieve3000英语阅读系统、iWrite写作系统和手机端学习通App、腾讯课堂、雨课堂等在线教学工具，为学生搭建自主学习平台、自主写作实践平台以及线上竞赛平台，拓宽学生学习路径。

3. 根植课堂，学生中心

根据学情精心设计课程教学，实施"直播+录播""校内资源+校外资源""教师评价+智能反馈""课内学习+课外参赛"相结合的多元混合教学模式，将信息技术与课堂教学高度融合，激发学生英语写作学习兴趣，构建师生学习共同体，推进"自主学习—合作学习—协同评估—巩固学习"四步深度学习过程，促进学生学习能力提升，提高课堂教学效果。

4. 产出导向，促成学生学习成果

将课程教学目标与毕业要求对接，与工作岗位需求对接，创设多种情境，读写结合、学练结合，帮助学生形成"高质量"学习成果，突出学习成果的价值导向，在培养学生的创新意识、思辨能力和独立解决问题的能力的同时，引导学生外练语言、内修素养，提升认知，学会鉴赏美、书写美。

三、基于建构主义的大学英语写作混合式教学模式构建

（一）大学英语写作混合式教学模式设计

笔者所在学校英语写作课程教学团队自 2018 年起，探索引入超星泛雅课程平台。该平台是集慕课建设、教学互动、资源管理、教学成果展示及教学管理评估于一体的网络教学平台。教师通过学校账号在平台进行自建"英语写作"SPOC 课程，课程包括完整的教学大纲、教学日历、自录微

课视频（48 个）、拓展视频（13 个）、教学课件（32 个）以及相关主题拓展材料（80 份）等音视频及文本教学资源，还有较为完整的预习测试、线上作业库和试题库等基本教学辅助资料。学生可以突破时空限制，登录手机学习通 App 随时随地进行自主学习。泛雅平台与智能手机终端学习通 App 协同发挥作用，为本课程教学改革实施提供了保障。基于以上保障，课程团队探索实施了以建构主义理论为指导，以超星泛雅平台为依托，以智能手机为终端的校本“英语写作”课程混合式教学模式①（如图 3-5）。

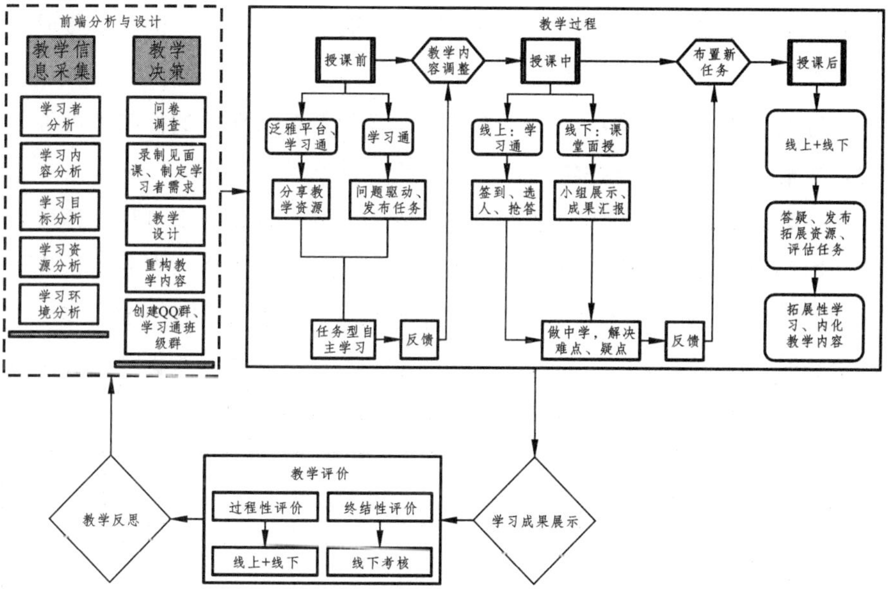

图 3-5　校本英语写作课程混合式教学模式

校本“英语写作”课程混合式教学模式由前端分析与设计、教学过程及教学评价三大环节组成，通过学生学习成果展示与教师教学反思两大活动，构成校本英语写作课程混合式教学动态循环。

前端分析与设计是校本混合课程教学效果得以实现的基本保障，包括教学信息采集与教学决策两个环节。教学信息采集环节在信息采集的基础

① 李燕:《基于泛雅平台的校本课程混合式教学模式构建与实践》,《微型电脑应用》，2021 年，第 3 期。

上，进行学情、学习内容、学习目标、学习资源及学习环境五个方面的分析工作，是教学决策的准备阶段。教学准备环节主要有课前问卷调查和录制见面课以帮助学生明确学习要求，同时，合理规划教学安排，重构教学内容，创建学习通以及 QQ 群班级群，构建在线学习共同体平台。

教学过程分为授课前、授课中和授课后三个阶段。授课前，教师在泛雅平台、学习通分享教学资源并以问题导向发布课前学习任务，学生进行线上任务型自主学习，教师根据学生学习反馈及时调整教学计划。授课中，教师利用学习通签到、选人、抢答等线上功能辅助开展线下课堂学习成果汇报和小组展示并且完成新任务等，达到教学内容深度学习以攻克难点，扫除盲点的效果。授课后，教师通过线上答疑、对新任务的检测评价等方式，激励学生进行探究性学习，内化并拓展课堂教学内容。

教学评价是对学生学习过程和学习成果的综合评价，由过程性评价和终结性评价组成。过程性评价包括线上学习考核和线下学习考核（构成与比例如表 3-6 所示），其中线上部分由平台系统采集数据完成统计。终结性评价是对学生整个学期写作课程学习的综合考评，期末组织集中闭卷考试。

表 3-6　校本英语写作课程过程性评价成绩构成及比例

类　别	学习环节	成绩比例
线上评价（65%）	微课学习	20%
	主题讨论	10%
	线上作业	15%
	线上测试	20%
线下评价（35%）	书面作业	15%
	课堂表现	5%
	语篇积累	5%
	期中测试	10%

（二）大学英语写作混合式教学模式应用

选取某校英语专业一年级一个班作为实验班，教学周期为一个学期，共计 32 学时。教学内容主要为句子、段落写作。下文选取其中一个单元“Paragraph Development by Comparison and Contrast”为例，探索基于泛雅平台的英语写作课程混合式教学过程的具体实施，如图 3-6。

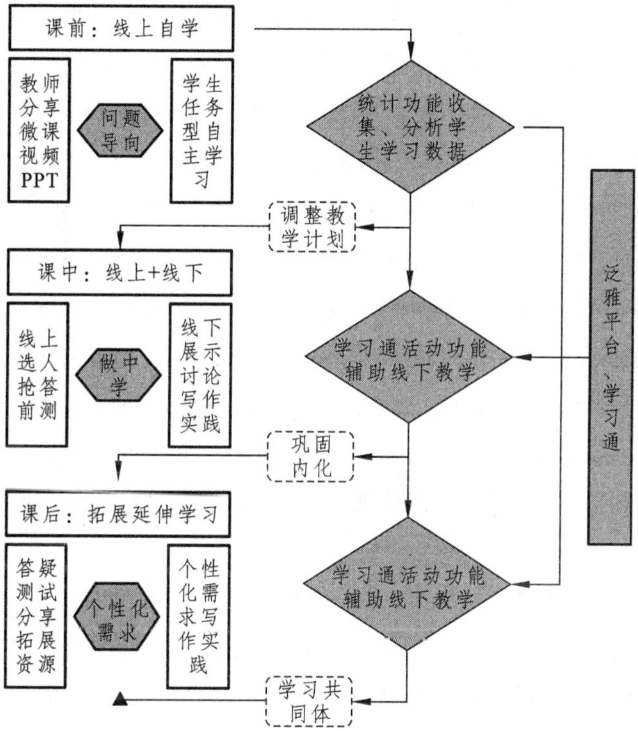

图 3-6　混合式教学实施流程图

课前，教师在泛雅平台分享教学资源（教师自制微课视频及 Comparison and Contrast PPT），发布课前任务，要求学生在线完成微课、PPT 等教学内容的自主学习并完成课前任务（Pre-class Task）：回答如下问题：（1）What is the comparison and contrast?（2）What's the difference between comparison and contrast?（3）How about the patterns employed to develop English paragraph by the method of comparison and contrast？同时，

学生可以通过学习通班级群就课前自主学习中的困惑进行师生、生生交流，教师利用泛雅平台的统计功能对学生课前探究性学习记录轨迹进行数据收集并进行分析，总结学生课前自主学习的疑难点，为课堂教学计划调整提供参考以提高课堂教学的针对性。

课中，教师实施线上线下相结合的翻转课堂教学，以任务驱动、产出导向为原则，课堂教学中通过学习通在线测试、选人、抢答等功能，组织课前自学测试、学习汇报等形式展示自主学习效果并通过学习通投票功能对学生学习展示进行生生互评，帮助学生形成 Comparison and Contrast 段落拓展内容的整体构建。之后，教师提供 2 个段落，组织学生以小组讨论的形式进行段落赏析，教师给予反馈评价以解决学生知识学习过程中的疑惑和盲点，在师生互动中加深对 Comparison and Contrast 的认识。最后，进行课堂写作实践练习，要求学生利用 15 分钟完成如下段落写作（Please write a paragraph based on the following beginning: The Spring Festival is celebrated by the Chinese people; Christmas is celebrated by Westerners. Though they have different cultural backgrounds, the two holidays are alike in some aspects.），通过做中学内化课堂教学内容，最终实现写作课程教学目标。

课后，教师通过线上线下相结合的形式进行互动答疑、学习通线上限时测试等，帮助学生对教学内容学习查漏补缺，并且布置拓展性课后作业：（1）对课堂写作练习进行同伴互评，并在此基础上进行二稿改写。（2）阅读下面段落并分析。There is an old saying that husbands and wives start to look and behave like each other after a while. I don’t know if this was true of my mother and father. Both of my parents had brown hair and brown eyes and both had low voices and gentle personalities. My father, however, was eight years older than my mother and taller and thinner. He was built as straight as an arrow and his face was longer and more angular than my mother’s. My mother was shorter than my father and had a rounder and fuller face and she looked as soft as a willow. My mother was quieter than my father and talked much less than he did. She was also a much neater and more patient person than my father. My father was more intelligent and more experienced in life than my mother. He was accustomed to doing everything quickly, from working to talking. My mother, on the other hand, worked and spoke much more slowly. My father was always early for an appointment, while my mother was usually late. （3）根据阅读材料（英文材料略），进行读后续写。学生根据自身学情可以任选其一完成以满足不同学生的需求，既可以巩固课堂教学内容又能提升教学内容的挑战度，激发学生的思辨意识与创新能力。

（三）大学英语写作混合式教学效果分析

学期末，采用定量与定性相结合的方法对班级 A（实验班）和班级 B（控制班）学习效果进行对比分析。定性分析主要采用问卷调查的方法。期末结束对实施混合式教学试点班级进行线上问卷调查，共回收了 36 份有效调查问卷，试卷回收率 100%，部分调查统计如表 3-7 所示。结果显示：学生对混合式教学效果满意率为 86.2%，78.5%的学生能够适应混合式教学模式。

表 3-7　调查问卷结果统计

题　目	选　项	结果
你是否有混合式学习经历	是	38.3%
请你对写作课程线上线下混合式学习进行自我评价	非常满意、比较满意	86.2%
你认为混合式教学是否有助于课程的学习	非常有帮助、有帮助	75.6%
你是否能够适应本课程教学形式	非常适应、可以适应	78.5%
你认为混合式教学的优势是	有助于培养自主学习能力	65.4%
	教学资源更丰富	74.2%
	师生、生生交流更方便	63.7%
	学会了探索性学习	61.6%

定量研究主要采用学习成绩分析的方法。为了保证试点教学效果的客观性，开课前和结课后，对实验组和控制组采用同样的试题、同样的评分标准进行了前测与后测，为了保证考核的公正性，试卷由本课程教学团队的其他教师阅卷，并对考核结果进行对比统计，如表3-8所示。

表 3-8　混合式教学与传统教学效果前测、后测结果对比

分　类	前　测			后　测		
	最高分	最低分	平均分	最高分	最低分	平均分
实验班	86	61	69.3	95	67	81.2
控制班	88	58	66.5	96	53	70.8

对比结果显示，相较于传统课堂教学模式，校本英语写作课程混合式教学模式教学效果更明显。通过一个学期的混合式试点教学，班级A平均成绩提高了11.9分，而传统教学班级B平均分只提高了4.3分。对前后测两个班级最高分数、最低分数的比较结果说明：教学手段、方法的改变对于语言基础好的学生影响不大，而对于语言基础一般的学生来说，混合式教学效果尤为明显，原因在于信息技术辅助下，线上线下混合式翻转课堂教学极大调动了学生学习的积极性，不受时空限制的生生、师生互动学习模式有利于培养学生良好的学习习惯及自主学习能力，更能激发学生的学习潜能。

四、基于建构主义的大学英语写作混合式教学模式实践思考

实践表明，以超星泛雅为平台，手机为终端的大学英语写作课程混合式教学模式为课程教学改革提供了有益的探索，增强了教学的灵活性，极大地调动了学生学习的积极性与主动性，较好地实现了教学目标。在实践基础之上，教学团队有如下思考。

（一）科学设计，师生共学

混合式教学模式对教师教学能力提出了新要求，教学实践中，教师在信息技术的辅助下，既要合理甄选教材内外优质教学资源，以突出教学内容的针对性，又要科学创设逼真的学习情境，合理设计课堂互动以突出教学内容实用性和课堂学习的趣味性，从而激发学生参与度与创造性，引导学生在生生、师生互动中探索解决实践问题的能力，打造师生共学课堂，构建师生学习共同体，实现教学相长。

（二）善用数据，精准施教

混合式教学的最大优势是在信息技术的辅助下赋能教学，使得教学过程动态化，学习过程可视化。因此，从线上到线下的教学过渡环节要时时关注学生学习过程数据，如视频观看次数与时长、练习完成情况以及测试结果等，根据数据及时分析、反馈，适时调整教学内容与教学方法等，做到技术赋能教学，精准施教。

（三）严格过程考核，增强学生课堂获得感

教学实践中，笔者发现加强课程考核评价管理与监督，健全能力与知识考核并重的多元化学业考核评价体系，加大过程考核成绩比重，严格过程考核并适时进行过程考核反馈，不但可以培养学生养成良好的学习习惯，也可以增加学生课堂参与的获得感与成就感，从而激发学生在教学活动中的主体作用，实现学生愿学、教师乐教、师生协作的有效课堂。

综上所述，基于建构主义的校本英语写作混合式教学模式是顺应时代发展、学生学习需求而产生的一种新的教学方式，也是新时代“互联网+”教育背景下高等教育发展的必然趋势。随着信息技术的不断进步，基于优质平台的混合式教学必将激发师生更大的潜力，为学生的“学”和教师的“教”带来更加灵活高效的体验。因此，以平台为依托的移动学习范式研究有助于课堂教学效果的提升，为实现有效英语写作课堂教学的探索和多模态混合式教学模式构建提供了更加广阔的思路。

4

第四章

基于建构主义的大学英语写作教学实践

大数据、数字化资源、学习分析的新技术运用形式日益丰富，无处不在的移动通信技术及智能移动设备又为微型移动学习提供了载体，依赖黑板、粉笔、幻灯片的传统课堂教学模式受到了极大的挑战，智能化泛在学习成为趋势。本章以信息化时代为背景，通过案例实证与评析的方法，从移动学习、慕课、微课及翻转课堂等维度探讨基于建构主义的大学英语写作教学模式的应用，以期对大数据环境下多模态大学英语教学改革与发展提供一定的借鉴与启示。

第一节　移动学习与大学英语写作教学

移动学习是一种在移动计算设备辅助下，能够随时随地开展学习活动的新型数字化学习方式，具有学习内容可视化、整合化、平等化等特点。换言之，移动学习是移动技术与数字化学习技术（e-learning）发展相结合的产物，具备海量学习资源和强大的搜索能力。21 世纪初，移动学习因其学习的泛在性，即任何人在任何时间、任何地点都可以进行任何形式碎片化学习（anyone，anytime，anywhere，any-style）和学习过程的交互性特点、成为国内教育者研究的热点。移动学习环境结构包括学习者、学习内容、学习媒介和学习资源四大要素（如图 4-1）。在移动环境下，学习者不拘泥于课堂情境可以在任何地点，任何时间，不受时空限制随时随地访问网络教育资源，进行自主学习。移动学习的学习内容是“微内容”，如一段音频、视频、图片或是小文本等，具有小片段松散连接及动态重组信息载体的特征。移动学习下学习媒介是一种媒体终端，需具备使用方便和运行高速的条件，常见的学习媒介有智能手机、平板电脑、笔记本电脑及掌上电脑等。学习资源可以是对已有资源的直接利用或改造，也可以是以人力资源形式存在的在线专家或以信息资形式源存在的服务器。此外，移动学习模式提倡混合式学习，为体验式、情景式学习活动的开展提供了应用平台支持，也为我国大学英语教学及创新人才培养的教学方式改革提供了新的发展契机。

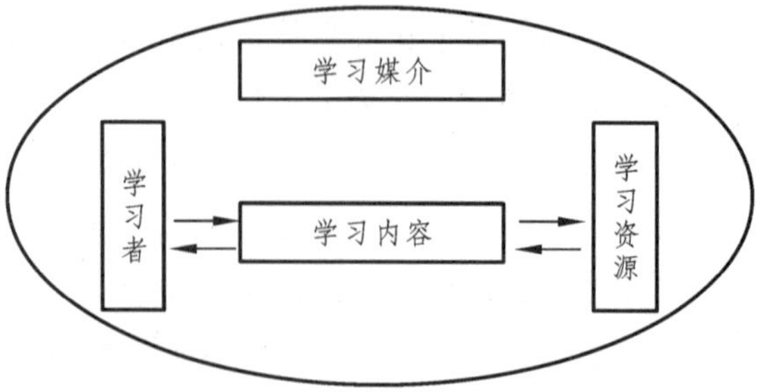

图 4-1 移动学习环境结构图

移动学习是指以移动设备，如手机、Pad、掌上电脑等为媒介，通过无线移动网络及多媒体技术以实现交互式教学活动的学习形式，其中最直接、便捷的实现方式是使用基于移动互联技术的手机 App。智能手机便携可操作性强，用户自行安装 App 软件即可满足学习和生活的个性化需要。由此，基于移动互联技术和移动学习理论的智能手机 App 在课堂教学中的应用引起了教育者的关注并进行了积极的探索实践。移动互联技术(Mobile Internet，MI) 是“一种通过移动设备，利用移动通信技术获取业务信息和服务的新兴技术”[①]，而移动设备具有“便携性、社会交互性、情境敏感性、连通性和个性化等支持教育功能的特征”[②]，是移动学习的最便携媒介。下文以智能手机 App 在大学英语写作课堂教学的应用为例，探讨智能手机 App 辅助下，大学英语写作课堂教学效果。

一、微信与大学英语写作教学

《大学英语课程教学要求》排版明确指出“新的教学模式应以现代信息技术，特别是网络技术为支撑，使英语教学不受时间和地点的限制，朝个性化、自主式学习的方向发展”[③]。随着智能手机的普及，微信作为一种新型的社交平台已经成为人们日常生活学习中不可或缺的一部分。因此，将

① 吴苏芳:《智能手机 APP 应用于大学英语课堂教学的调查研究》,《海外英语》, 2017 年第 11 期。

② 田剪秋：《移动语言学习的发展现状和趋势》，《外语电话教学》，2009 年第 3 期。

③ 教育部高等教育司：《大学英语课程教学要求》，上海：上海外语教育出版社，2007 年，第 1 页。

微信应用于大学英语教学，赋能写作教学，提升教学效果成为可能。下文就以“微信+大学英语写作教学模式探析”为例，探讨互联网背景下大学英语写作教学改革探索与实践。

【案例 1：互联网背景下“微信+”大学英语写作教学模式】

（一）“微信+大学英语写作教学模式”简介

作为现代通信技术飞速发展的产物，微信是一种为智能终端提供即时通信服务的免费应用程序，开设订阅号、服务号和企业号三种账号类型，提供公众平台、朋友圈和消息推送等功能，可以实现语音、视频、图片和文字的及时推送。2022 年 6 月，中国网民规模达 10.5 亿，微信用户覆盖 200 多个国家，超过 20 种语言。利用微信公众平台（又称微信公众号）可以进行自媒体活动，此功能常被用于商业、教育等领域，已经成为一种活跃的线上线下互动营销或教学方式。微信所具有的上述功能为移动网络教学及资源构建提供了坚实的基础，将微信公众平台用于教学实践能够较好地开展线上教学互动，统计学习过程数据并提供反馈，进而帮助教师有效开展课堂教学。因此，基于微信平台的大学英语写作教学将课堂教学与社交平台相结合，通过精选资源，增加互动与数据监控，激发学生学习的主体意识以提高大英英语写作课堂教学效果是大学英语写作教学改革的有益探索。

（二）教学实施

首先，教师团队建立大学英语写作教学微信公众号，教师完善教学资源，推送写作课堂教学相关材料，邀请学生关注以方便学生能够实时接收学习资料，进行课前预习和课后拓展活动。学习材料可以是图片、视频、文本等不同形式，内容突出针对性与时效性，为了与教材内容互补，尽力选用贴近生活语言环境的素材，做到短小精悍，易于接受，方便学生有效利用碎片时间开展学习。下文以“How to write a topic sentence”为例，从课前准备、课堂讨论和课后写作及互评三个阶段阐述“微信+”大学英语写作教学模式的实施，以分析探讨微信辅助英语写作教学的实践效果。

1. 课前准备阶段

课前，教师向授课班级学生介绍“大学英语写作”微信公众号功能并提出使用要求，邀请学生关注并组建写作课程微信讨论小组。教师通过微信公众号“图文群发消息”将主题句写作PPT（图片形式）和一篇100字左右的段落（文本形式）发送至学生，要求完成课前预习。为了帮助学生一目了然抓住学习重点内容，做到信息简洁明了，教师精选图片两张：一张为主题句构成图片，另一张为主题句写作例句辨析。要求学生完成具体预习任务如下：（1）总结主题句写作的要点，分析两个主题句例句是否符合要求。（2）阅读推送段落，理解主题句在段落中的作用。（3）自己搜索一个具有主题句的段落，加深对主题句写作及作用的认识。同时，告知学生预习过程中可以随时在“微信讨论小组”提问交流，鼓励同伴交流，共同解决学习中的困惑，在相互帮助中共同成长。

2. 课堂讨论

课堂主要活动有：（1）鼓励学生就预习问题发表自己的看法，教师进行适时补充，帮助学生加深理解主题句写作，之后教师要求学生以“online learning”“college life”为例进行课堂主题句写作实践，以检验学生对于主题句写作的掌握情况。（2）鼓励学生分享自己找到的段落，并根据所学梳理总结主题句的作用及段落中主题句的位置。接着教师提出如下问题“How many parts can a paragraph be divided into?”“How to write a good a paragraph?”引发学生思考，全体同学在问题驱动下头脑风暴，发表意见。教师布置课后作业，拓展课上完成的主题句，并根据此主题句完成英语段落写作，字数 100~120 词。

3. 课后写作及互评阶段

课堂讨论后，大部分学生对主题句写作有了较为充分的认识，但是对于主题句如何才能写到恰到好处，起到提纲挈领的导向性作用，需要通过课后交流与写作实践进一步体会。在此过程中学生、师生可通过微信讨论小组互动，共同商讨拓展思路，完成初稿写作并复制到讨论小组进行组内互评，教师则从小组内挑选典型段落分别从主题句写作、段落结构和语言规范三个维度给予具体指导，以引起学生对段落写作的深度思考。在此基础上完成修改，提交定稿。在后续课堂上，每个小组精选优秀段落开展组间互评，最终评选优秀段落推送到微信公众号供学生赏析。

（三）案例评析

1. 优势

该案例将微信与大学英语写作课程教学相结合，优势体现在如下方面：

（1）写作课堂突破了时空限制，改变了教师"一言堂"的传统英语写作教学模式。通过创建服务于大学英语写作的微信教学平台，缓解了写作教学中范文模仿缺乏创意、训练时间不足、作业批改费力低效的现状，在一定程度上扭转了学生"厌写""畏写"的写作学习态度以及写作乏味枯燥的错误认识，是传统写作教学与评价的有益探索，提升了课堂教学效果。

（2）以学生为中心，实现了对传统写作课堂的翻转，充分发挥了学生在学习过程中的主体作用，提高了课堂参与度，激发了学生主动学习、探究的潜能，培养了自主学习的能力，学会了互助互学，在潜移默化中培养了学生终身学习以及欣赏美、书写美的意识与能力。

（3）基于微信平台的大学英语写作教学模式为学生提供了更多的学习素材，使得学习心得分享更加便捷，在很大程度上丰富了教学内容，拓展了学生的视野。同时，教会了学生学会学习，主动探究的能力。

2. 不足

尽管微信在大学英语写作教学中的应用得到了多数师生的认同，写作课堂教学效果有了一定的提升，但也存在如下不足：

（1）教学资源的推送缺乏系统性。从短期来看，视频、文本和图片等多样化教学资源有利于丰富教学内容。但从长期来看，所有教学资源散落于每节课中，缺少规划性，不利于学生从整体上认识写作课程的逻辑框架。

（2）由于微信平台技术的局限性，对于学生学习的评价反馈及学生学习过程的数据跟踪、统计都缺乏完整性，不便于教师及时掌握学生的过程学习情况，不能针对性开展一对一指导。

（3）微信资源的丰富性具有两面性，在开阔学生视野的同时也使学生对如此丰富的“速食”资源产生依赖性，抑制了学生自主思考的能力，复制粘贴的便捷操作也在一定程度上阻碍了学生独立思考与辨析能力的发展与提升。

二、蓝墨云班课与大学英语写作教学

蓝墨云班课是我国第一款基于移动互联网技术的课堂教学互动手机App。该款App的诞生标志着我国课堂教学改革进入了移动互联网时代。蓝墨云班课App包括资源模块、活动模块、成员模块、消息模块、课程圈模块、课程包模块和人工智能七大模块，利用该App教师可以发送课程通知、推送课件等音视频、图片、文档等教学资源到学生智能手机终端，并具有提醒学习和统计反馈学生学习行为的功能，教师可以随时随地开展投票、问卷、答疑、讨论等教学活动，学生可以通过以上功能完成在线学习，参与在线交流和互评等教学活动。蓝墨云班课的开发为师生搭建了线上交流沟通平台，有利于提升教学互动效率，开启了移动环境下即时互动教学的新模式。

【案例2：基于蓝墨云班课的大学英语写作教学模式】

（一）基于云班课的大学英语写作教学设计

教师在对大学英语写作教学现状、课程教学目标、教学内容和学情等教学要素分析的基础之上，设计基于蓝墨云班课的英语写作教学模式（如图4-2）。该模式以蓝墨云班课为技术平台，师生互动贯穿于课前、课中、课后整个教学过程。在此基础上，形成教学评价对教学进行诊断并持续改进，以不断调整教学策略，提升教学效果。

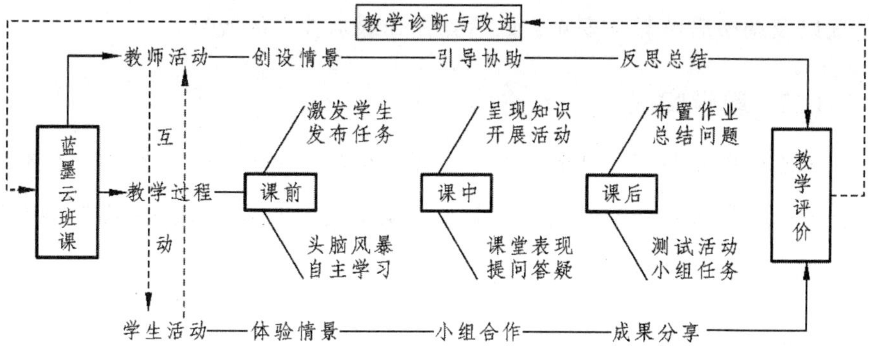

图 4-2 基于“云班课”的大学英语写作教学模式①

1. 课前自学

教师基于学情，确定教学目标，做好课堂教学设计。在此基础上，教师通过云班课发布学习资源，布置课前学习任务，在任务驱动下开展头脑风暴等活动，创设学习情境，激发学生兴趣，引导学生自主学习。课前自学阶段整个过程中，学生在教师的引导与监督下进行自主学习，并就学习中的困惑通过“云班课”进行交流，教师则根据学生课前自主学习反馈，调整教学重难点，提高课堂教学的针对性，做到有的放矢。

2. 课中课堂教学

教师聚焦重难点讲解，通过课堂提问、分组讨论等形式解决课前学习难点与痛点。本环节在教师引导协助下主要开展小组讨论、学习汇报、归纳总结等课堂活动，学生通过小组合作在体验中实现个性化发展，提升合作意识与能力，提高自主学习能力。

3. 课后强化认知

课后主要的教学活动有线上测试、布置作业、线下答疑和作业批改等，可以帮助学生巩固课堂学习，内化完善自我认知结构，及时了解学生学习

① 李东明:《基于蓝墨云班课的高职英语混合是教学模式的构建与实践》,《北京工业职业技术学院学报》, 2018 年, 第 4 期。

情况以及调整后续教学安排，以达到提升课堂教学的效果。

（二）教学实施

本案例以非英语专业大一学生为教学对象，教学周期一学期，采用基于云班课的混合式教学模式。下文以“Writing a Thank-you Letter”为例，展示教学实施具体步骤。

1. 课前

首先，教师在学情分析的基础上，确定本节课教学目标，即掌握英文感谢信格式、常用句型和表达，并在此基础上了解中英文化差异。其次，教师提前将录制好的感谢信写作微课视频和资料发布至云班课班级群并提出课前自学要求和问题，要求学生完成微课学习，梳理总结感谢信写作格式及表达，思考感谢信写作中所隐含的中西方文化差异。此阶段开展的教学活动有：微课自学、线上自学交流讨论、教师答疑解惑、线上学习追踪反馈等。

2. 课中

课中按照如下步骤开展课堂教学。首先，根据课前学生学习反馈，教师调整课堂教学目标，重点突出英文感谢信的写作技巧和步骤。其次，组织课前测试，检验学生课前自主学习效果，及时调整课堂教学侧重点，攻克学习痛点。之后，教师精选案例，开展小组讨论及小组汇报等课堂活动，帮助学生加深理解英文感谢信写作。最后，开展课堂写作实践，要求学生限时完成一封英文感谢信写作并进行同伴修改。整个教学过程学生紧跟教师任务指引，完成测试，在小组协作下进行案例赏析及课堂写作实战等教学任务，体验感谢信写作的语言表达、内容组织及段落衔接等技巧。

3. 课后

教师布置课后强化写作任务，继续课堂写作的二稿修改工作并进行同伴互评后形成定稿，以此达到巩固、拓展课堂教学所学内容的目的。同时，教师以“感谢”为主题，设置感恩话题，开展在线讨论，通过“头脑风暴”引导学生发现生活中的真善美，学会感恩，勇于表达情感。

（三）案例评析

学期结束，教师设计教学评价调查问卷，结果显示：学生对基于云班课的大学英语写作教学模式给予了充分肯定，认为该模式下自身的听说能力、阅读理解能力、英语词汇和语法基础等有不同程度的提升，对于学生自主学习能力提升效果尤为突出，特别可喜的是学生普遍认为不再惧怕写作，写作兴趣有所增加，课堂参与度明显提高。基于上述结果，分析将云班课应用于大学英语写作教学的优势，原因如下：第一，基于蓝墨云班课的英语写作教学模式能够融合传统课堂教学与在线学习的优势，实现了对传统课堂的翻转，有助于教师优化教学内容并使之系统化，实现了教学目标与实际教学的对接，从而帮助学生达到最佳学习效果。第二，此种混合式教学实现了对传统课堂的翻转，实现了教师主导与学生主体并重，既能够发挥教师精心设计教学，强化课堂组织与引导以及适时调控的主导作用，也能激发学生写作学习兴趣，激活主动探究与积极反思的主体作用，实现了师生、生生间的有效互动与交流，达到了预期教学效果。第三，蓝墨云班课平台可以很好地将学生学习过程数据予以统计，方便教师进行教学实时管理，及时诊断教学并调整教学安排，能够做到因材施教，从而实现了供给侧与需求侧的完美对接。第四，云班课 App 的使用迎合了“数字原住民”了解新事物的方式与特点，增强了课堂教学的趣味性，激发了学生的学习兴趣与参与热情。

三、雨课堂与大学英语写作教学

雨课堂是移动互联网与大数据背景下服务教学的智慧教学工具，能够免费为教学过程提供数据化与智能化信息支持，具有高效便捷、互动性强的特点。它将复杂的信息技术融入 PowerPoint 和微信，在课堂内外建立起沟通桥梁，让课堂互动永不下线。通过创建虚拟课堂，雨课堂可以实现课前推送预习资料，课中支持签到、课件同步、课堂测试、弹幕互动等多种互动，课后进行数据反馈等功能，进而实现对教学全过程的智慧支持。最大优势在于其内置的各种智慧工具可以支持师生开展多元实时互动教学，为学生提供良好的学习环境，使得教学过程可视可控，提高学生课堂参与度。

【案例 3:基于“雨课堂+对分课堂”的大学英语写作教学模式】

（一）对分课堂简介

对分课堂是由复旦大学张学新教授提出的一种新的课堂教学模式，其核心理念是将每次课堂时间进行分割，一半用于教师讲授，一半用于学生吸收和讨论交流。对分课堂将课堂分为讲授、内化吸收和讨论三个过程，也被称为 PAD 课堂，其优势在于课堂讲授与学生讨论分离，按照先学习，然后复习内化，再讨论交流的顺序安排教学，给学生以自主学习和内化吸收时间，以保证讨论的有效性。

（二）基于“雨课堂+对分课堂”的大学英语写作教学模式构建

该模式（如图 4-3）以建构主义理论为依据，将雨课堂与对分课堂相融合，创设高效互动的学习环境，突出学生的主体地位和教师的主导作用，将师生互动与思考讨论贯穿于课前预习、课堂讲授、内化吸收、课堂讨论和课后反思五大环节，确保在良好的学习环境下激发学生的写作学习的内动力，实现课堂教学效果的最大化，进而促进学生写作能力的提升。

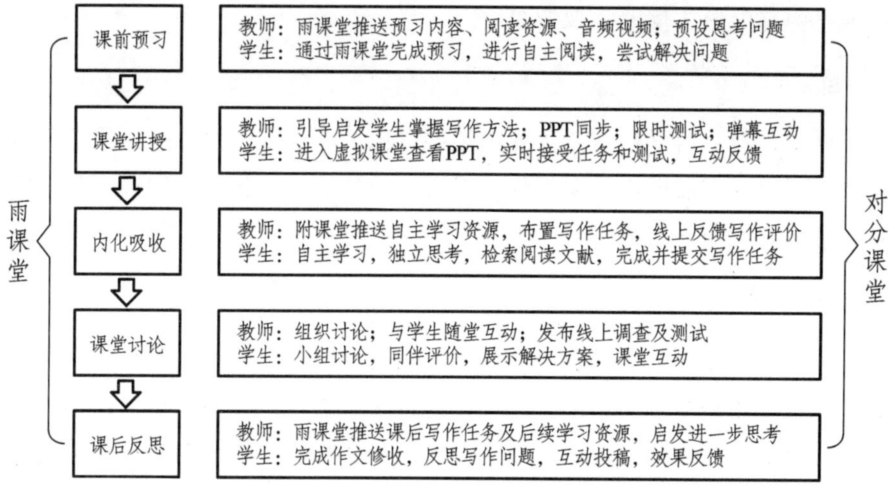

图 4-3　“雨课堂+对分课堂”混合式大学英语写作教学模式①

（三）教学实施

教学对象为某学校大二非英语专业学生，教学周期为一个学期 16 周。具体教学过程如下：

1. 课前预习

教师将写作课前预习资源发送至雨课堂班级群，资源材料包括教学PPT、微课视频以及辅助阅读材料并布置有针对性的作业，学习材料尽量做到系统化和多样化，要求学生进行课前自主预习并完成相关预习任务，预习过程中师生可以通过雨课堂在线沟通，教师及时根据学习进度，掌握学生预习情况，以便随时调整课堂讲授重难点及节奏。

2. 课堂讲授

针对学生课前预习反馈，教师进行课堂讲授，做到精讲多练，突出重点。同时，教师可根据课堂讲授需要随时组织限时测试，掌握学生对课堂知识的掌握程度。学生根据雨课堂PPT，调整学习节奏，吸收消化重点，随

① 曲通馥:《“雨课堂+对分课堂”教学模式在大学英语写作教学中的实证研究》,《内江师范学院学报》，2020 年第 1 期。

时通过弹幕的形式反馈听课效果。

3. 内化吸收

课堂讲授之后学生细读雨课堂拓展资源，进一步理解、消化课堂内容并按教师要求完成课后作文写作，在写作的基础上内化课堂知识，总结反思，准备下次课上讨论。

4. 课堂讨论

在讨论课上，学生带着已完成的作文进行同伴互评及小组讨论。学生在同伴互动中碰撞观点，创新思维，进行深度学习。教师在整个讨论过程中适时指导、答疑并将讨论引向纵深。由于课堂讨论基于课堂讲授和内化吸收两个环节，使得整个讨论过程更加有效，讨论质量明显提升，学生对讨论的期待值、积极性和参与度更高。

5. 课后反思

课堂讨论后教师将后续学习资源推送至雨课堂，学生进行拓展阅读，并对课堂讨论结果进行梳理总结，形成对课堂知识的巩固、理解与内化。在此基础上，进一步修改完善写作任务，并提交至雨课堂。课后反思环节学生可以通过雨课堂随时互动分享，反馈反思结果。

（四）案例评析

一个学期的教学周期结束，教师采用定量研究和定性研究相结合的方法检验该模式的教学效果，具体包括两次测试（前测、后测）、问卷调查和访谈。结果显示：相对于传统教学法，一个学期的“雨课堂+对分课堂”大学英语写作教学模式能够显著激发学生写作动机，促进学生相互协作，主动探究，有利于学生创新思维能力的培养，提高了学生英语写作水平，课堂教学效果极大改善。基于“雨课堂+对分课堂”的大学英语写作教学模式能够有效整合数字课堂与传统课堂的优势，是智慧教育背景下大学英语写作教学改革的有益探索。基于以上结果，分析该模式的优势在于：第一，雨课堂智慧教学工具智慧服务贯彻教学过程始终，课堂更具互动性。雨课堂与对分课堂紧密结合，相得益彰，为学生有效、真实的学习环境创设提供了保障与支撑。同时，也使教师引导下的学生自主探索和交流合作完成学习任务成为可能。第二，雨课堂的智慧互动功能，激发了学生参与课堂的积极性与主动性，将讲授式与讨论式课堂以及自主学习融为一体，学生学习效果及时反馈，学习诉求得到及时回应，形成了自学—吸收—内化—表达的良性循环。第三，注重学生思辨能力的培养。该教学模式下教师引入文秋芳教授提出的思辨能力层级理论模型，强调阅读、讨论和写作三者的有机结合，精选写作主题阅读语料，精心设计讨论话题，学生积极思考，相互协作，以读促写，达到了提升英语写作水平的效果。

第二节　翻转课堂与大学英语写作

信息技术与网络技术的迅速发展为大学英语写作教学改革提供了新途径与新手段。以建构主义理论为指导的翻转课堂（Flippcd Classroom）受到越来越多教师的青睐。本节立足于学生英语写作能力培养，围绕翻转课堂实践案例，探索大学英语写作教学模式改革的新路径。

一、翻转课堂概述

翻转课堂又称为颠倒课堂，起源于美国。最初由两位化学教师借助信息技术手段，帮助学生在自学过程中促进知识内化，提高问题解决能力的尝试性实践，后经过一系列改革与创新而来。在这一发展过程中，以可汗学院（Khan Academy）通过在线视频课程为全球各地的人们免费提供高品质教育模式影响力最广。由此，这种跨域时空的视频授课模式引发了全球教育界的关注，改变着人们传统的教育教学理念。翻转课堂模式下，传统的课堂教学结构被翻转过来，学生在课前完成知识的学习，在课堂上完成知识的吸收与掌握，翻转了传统课堂组织。近年来，这一新型的教学模式已风靡全球，成为信息技术背景下教育教学改革研究的热点。

翻转课堂打破了学生课上学习、课下作业的传统课堂教学模式，重新调整课堂内外学生的学习时间，在教师的引导下将学习的主动权交给学生，其基本教学流程如下：首先，教师将课程重难点制作成教学视频，以供学生课前预习并布置课前作业；其次，学生利用课下时间观看教师上传的微课视频、讲座以及阅读材料等，进行课前自主学习并完成作业；最后，教师组织课堂师生、生生互动，相互协作共同解决疑问，以加深理解：内化新知，完成知识构建。整个学习过程中，学生在教学视频的帮助下，主动构建新知识，体现了由被动接受知识向主动构建知识的转变，通过课前任务与课前测试，学生可以发现自学过程中的不足，进行课前交流互动，逐步建立对新知的认识。课堂上，教师通过课堂互动启发，引导学生理解、内化所学内容，彻底解决遗留问题。该模式与传统课堂教师课上讲，课后答疑的学习过程完全相反。课前完成知识传授，课堂完成知识内化，体现了学习本质过程的两个阶段，即知识传授和知识内化在翻转课堂教学模式中得到充分体现，符合建构主义理论和混合学习理论指导下的教学思想，把学习者的学习活动置于教学活动的中心。

二、翻转课堂的优势

随着翻转课堂在课堂教学中的应用与推广，国内外学者纷纷对翻转课堂的作用与效果进行探讨，现将学界认识较为一致的共识梳理如下：

1. 翻转课堂体现了混合式学习的优势

翻转课堂不仅能够改变传统课堂教学模式，增加师生、生生互动的频次与质量，使学生成为学习的主体，更能够完美结合传统学习和数字化学习的优势，提升课堂教学效果。从本质上来说，翻转课堂改变了教学结构，将知识传授的过程前移，以强调学生自主学习能力的培养，将知识的应用前移置于课堂教学的中心，通过学生间的合作学习、讨论探究，实现对学生高阶思维能力的培养。因此，翻转课堂是一种全新的混合式学习方式，先学后教的课堂教学模式更能激发学生的自主学习、自我探究和主动建构意义的动力，必将对现有课堂教学模式重构起到巨大推动作用。

2. 翻转课堂体现了新型的师生关系

传统的面对面课堂不论是教师讲授还是师生对话，课堂教学活动的本质是教师中心。教师是课堂教学的主宰者，具有绝对的权威，而翻转课堂不论是课前自主学习还是课堂的面对面互动都体现了“学生中心”，学生是课堂的主人，是学习的主体。这一课堂中心的转变，有利于重构和谐的师生关系。教师从传统课堂的知识传播者和课堂的主宰者转变为课程内容的设计者、课堂活动的组织者以及学习活动的指导者和促进者，而学生则由知识的被动接受者转变为知识的主动构建者。师生角色的转变更能激发学生的主观能动性，挖掘学生的学习潜力与能力，通过探究式、合作式学习，实现学习效果的最大化。因此，翻转课堂能够充分发挥课堂教学中教师的主导性和学生的主体性作用，实现课堂教学效果的最大化，提升课堂教学质量。

3. 翻转课堂促进了教学资源的有效利用

翻转课堂得以广泛应用离不开教学资源的支持，不论是早期的可汗学院的视频录制还是 MOOC 时代的在线开放课程，翻转课堂对促进教学资源的有效利用与研发被学界普遍认可，翻转课堂既可促进教学资源得到有效利用，又是促进教学资源研发的强大助推器。以课前教学视频为例，翻转课堂对其的有效利用与研发体现在如下两个方面：

（1）传统教学多数以教师课堂讲授为主，较少涉及视频教学，即使用到，多数教学视频仅仅是对课堂实况的简单录制，教学内容不聚焦，视频效果质量差。而翻转课堂模式下，教学视频的设计从学生认知规律出发，视频录制软件选取更具针对性，教学内容重难点突出，教学信息量的把握、音视频录制质量等明显得到改善。因此，相比于传统教学视频，翻转课堂模式下教学视频更有利于学生课前集中精力开展自主学习，进而提高学习的效率。

（2）传统教学视频多以课堂时长为单位进行录制，包含图片、文字、声音等多种模态，讲究教学内容的完整性和全面性，信息承载量大，不利于学生自主学习。而翻转课堂模式下视频多以知识点或一个教学问题为单位录制微课短视频，一个单元的教学内容多细化为多个微课视频，每个微视频时长短、问题聚焦、知识点明确，并且可以附加针对性自测及巩固性练习，具有短小精悍的特点，更符合学生的认知规律。因此，在某种程度上，翻转课堂对于教学资源的利用与研发是课堂教学效果得以实现的基本保障，其利用与研发的程度决定着翻转课堂教学实施的效果。

三、翻转课堂在大学英语写作教学中的应用

【案例 1：基于翻转课堂的大学英语写作教学模式】

（一）基于翻转课堂的写作教学模式简介

基于翻转课堂的写作教学模式（见图4-4）以建构主义理论为指导，依托网络学习平台，开展大学英语写作翻转课堂教学，整个教学过程分为课前、课中和课后三个环节，教师作为主导者参与整个教学环节，帮助学生实现知识构建。为了保证该教学模式顺利实施，教师需课前完成教学环境构建，即教师以个人空间或360云盘为载体创建个人教学资源平台。一般来说，教学资源平台包括三大模块：一是课程教学资源，如大学英语写作课程教学大纲、教学日历、教学课件、微课视频、课程考核构成、作文互评标准、课程学习要求等课程学习相关资源。二是教学工具，如微信、QQ以及学习通等。依托以上教学工具，教师可以创建教学班级群，并且可根据课堂教学需要将班级同学分为若干个小组，以便开展课内外小组合作学习，方便师生、生生互动。三是教学辅助资源，包括相关写作辅助工具，如有

道词典、相关语料库等链接及在线写作反馈平台等。另外，也可提供相关主题阅读资源，拓展学生课外输入，开阔视野。

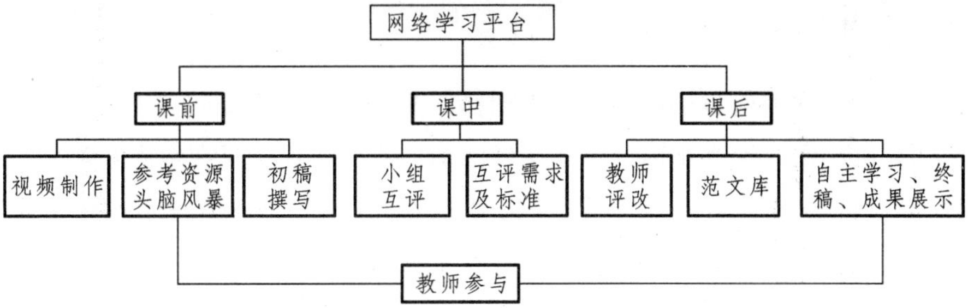

图 4-4　基于翻转课堂的大学英语写作教学模式①

（二）教学实施

该模式教学对象为某师范学院非英语专业大二学生，教学周期为一学期 16 学时。教学实施具体过程如下。

1. 课前

（1）写前准备阶段。首先，教师进行翻转课堂教学设计，包括确定教学目标、录制微课、组建题库、规划课堂活动及调试教学设备等。其次，教师将教学资源（微课视频、经典范文、自测练习、写作任务、讨论话题等）上传到 QQ 群方便学生下载学习并布置课前学习任务，让学生明确学习目标。之后，学生自主学习相关教学资源，完成课前任务，形成对所学内容的初步认知，在此基础上进行自测诊断。最后，教师整理、统计学生自学行为数据，掌握学生自学实际情况。

（2）撰写初稿阶段。学生根据课前写作任务要求，确定文章主题，查阅文献，形成对作文的整体认识。在此过程中，教师通过 QQ、微信等方式与师生、生生及时互动，适时引导，组织头脑风暴，共同探究，帮助学生形成对作文主题、框架和论证的基本认识并诉诸于文字，完成初稿后上传

① 曹霞，刘文琼：《基于翻转课堂的大学英语写作教学设计研究》，《湖州师范学院学报》，2016 年第 5 期。

至课程学习网站。教师将初稿按小组整理并进行初评，了解学生对课前知识的应用情况，将其作为课堂教学组织与实施的参考依据。

2. 课中

围绕学生课前自学反馈及学生初稿作文中存在的主要问题，教师组织学生开展小组讨论和组内互评等课堂活动。值得一提的是在组内互评之前，教师对学生进行互评训练，帮助学生明确互评标准，即从语言错误、文章内容、结构逻辑与衔接等不同维度对作文进行全面的评价。组内互评需逐一检查上述问题，对于有争议的问题小组内部成员共同讨论，协商后形成统一认识。组内互评的最大优势是学生在相互评价中学会了取长补短，作文语篇意识清晰化，形成对所学内容的理解与内化。

3. 课后

首先，教师评阅。教师从作文的结构、内容、语言等方面给出详尽反馈以供学生修改参考。然后，学生根据教师和组内同伴互评反馈的建议，综合考量完成二次修改并提交二稿。在二稿修改期间，教师会提供优秀范文供学生赏析，帮助学生进一步体会优秀作文的闪光点，形成修改思路。最后，自主阶段。教师评阅二稿并给出反馈，学生自主修改完成三稿。在三稿的基础上，教师筛选优秀范文，通过建立范文库的方式展示优秀作文。在该阶段，学生通过自我评价、小组互评等方式进行在线交流，进一步完善个人知识内化，实现知识的自主构建。

（三）案例评析

教学过程结束后，教师通过问卷调查、访谈和前后测试等方法，检验基于翻转课堂的大学英语写作教学模式效果。结果显示：与传统写作教学模式相比，基于翻转课堂的大学英语写作教学模式更能够调动学生学习的积极性，增强学生英语写作的自信，有利于学生写作能力的提升。但也有不足，如部分学生未能积极参与小组讨论，由于个别学生学习成绩差异大，影响班级教学任务，成绩提升不显著。鉴于以上结果，分析原因如下：

1. 优势

依托于网络教学平台的翻转课堂写作教学为学生搭建了良好的交流与互动平台，学生可以便捷交流，互通有无，共同合作推进学习，不但提高了写作技能，开阔了写作思路，更加增加了英文写作的信心，学会了相互欣赏，取长补短，潜移默化中培养了学生自主学习的能力。对于教师而言，翻转课堂让教师跳出了“喋喋不休满堂灌”的固态式教学模式，将精力投入课堂教学设计，引导学生探究式学习，激发学生课堂主体作用，积极参与课堂互动，主动思考，自主探究式解决问题，改变了学生被动学习的传统学习状态，使原来“师生隔离”“教学分离”的写作课堂转向“师生合作”“教学相长”的学习共同体，极大提升了教师投入教学的热情和成就感。

2. 不足

翻转课堂虽在一定程度上调动了学生的学习热情，但却需要教师投入百分之二百的精力设计教学，准备资源，批改作业。因此，若没有专门的课程平台辅助教师完成学生学习过程数据的实时统计，教师很难精准诊断学生学习过程的实际情况，无法做到有效监督与反馈，就会导致翻转课堂模式下学生学习两极分化，学习成绩好的学生越来越优秀，而学习基础不好的同学就会慢慢掉队，渐渐对基于翻转课堂的英语写作教学模式失去兴趣。因此，翻转课堂英语写作教学模式急需数字化学习平台助力，以实现对学生学习过程的即时记录与统计。另外，翻转课堂写作教学模式之所以能够有效提高学生的写作水平，在于学生有足够时间进行写作实践，每篇作文至少要经过教师三稿评阅，耗时费力，反馈较慢。因此，如果能及时引入英语写作自动评阅系统，如批改网、iWrite、Peerceptive 等在线写作系统，多平台协作实现大数据环境下技术赋能翻转课堂，大学英语写作教学将会取得事半功倍的效果。

四、翻转课堂在“基础英语写作”教学中的应用

【案例 2：基于翻转课堂的《基础英语写作》课程教学】

（一）基于翻转课堂的“基础英语写作”课程教学模式简介

基于翻转课堂的“基础英语写作”课程教学模式以布鲁姆教育目标分类理论为指导，按照认知领域六层次教育目标，将英语写作翻转课堂教学分为记忆领会、应用分析和综合评价三个阶段。首先，记忆领会阶段主要任务是学生在教师的指导下完成课前自主学习，实现对知识的初步认识与理解。其次，在应用分析阶段，教师通过组织课堂测验、学习汇报和交流讨论等课堂活动，促使学生将课前知识应用于实践，分析解决具体问题，引导学生完成知识的吸收与内化。最后，在综合评价阶段，学生对所学知识进行重新组合，并以成果汇报、观点分享等方式展示自己对所学知识的理解和掌握。因此，综合评价是学生对知识认知的高阶目标。具体来说，该模式按照翻转课堂教学实施流程（见图 4-5），以解决传统写作课堂弊端，提升写作课程教学效果。

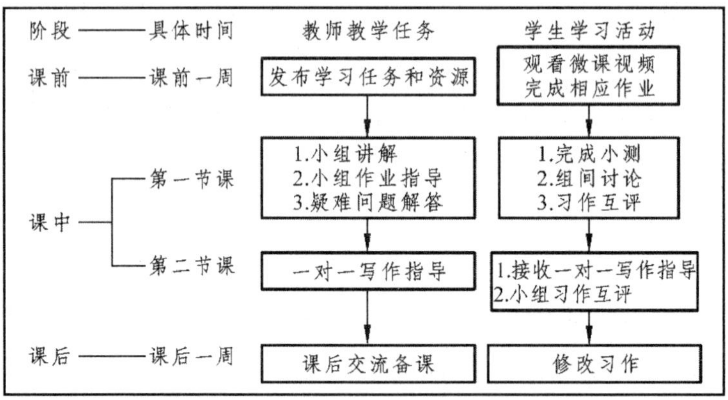

图 4-5　“基础英语写作”基本教学流程图①

① 钟潇，徐晓菲：《翻转课堂在<基础英语写作>课程中的实践与应用》，《英语广场》，2016 年第 2 期。

（二）教学实施

该案例的主要教学内容为主旨句的写作，翻转课堂模式下教学实施主要步骤如下：

1. 课前知识记忆与领会

（1）教师任务：首先，教师发布学习任务书，明确告知学生本单元学习目标，要求学生课前进行微课视频学习，了解主旨句写作要点。同时，要求学生视频学习后，以个人或小组合作的方式完成相应练习。其次，基于学情，教师录制本单元教学微课视频，主要内容有主旨句的概念及主旨句写作规则，视频主要配以PPT和相关主题视频等多媒体资源，力求内容精练、言简意赅、难易适中。最后，教师将视频上传至学习平台并发布作业。

（2）学生任务：首先，学生进行课前微课视频自主学习，记忆、领会主旨句的概念和写作要点。与课堂听课不同，学生可自行调整学习时间、地点、进度，学习过程中遇到困难时，可以通过回看视频、求助同伴或查阅资料等方式解决。其次，在自主学习的基础上，完成课前练习：① 根据给出话题，进行主旨句写作；② 短文写作：描述你的理想工作并对这份工作的日常活动进行详细介绍。

2. 课上知识应用分析

（1）教师任务：首先，教师设计课堂活动，开展问题驱动式师生、生生互动。教师在生生互动中观察并发现问题，给出建议并给予适时引导，启发学生思考，培养学生的思辨能力，将课堂互动引向深度思考，提升课堂互动的有效性。同时，发现学生交流互动中的闪光点与不足，了解学生知识学习的不足与困惑，及时调整课堂策略。其次，针对课前短文写作中发现的问题及时答疑解惑，进行一对一指导，从而为学生提供针对性修改建议，满足学生个性化学习需求。与教师书面反馈相比，一对一指导效果更明显，学生更重视。

（2）学生任务：首先，学生参加课堂限时测试，以检验课前学习效果，为下一步课堂教学开展提供依据。本次课堂测试内容包括主旨句的概念及写作要点两个方面，具体包括主旨句的作用和主旨句写作正误辨析，主要考查学生对主旨句的应用能力。其次，参与小组讨论及学习成果汇报。组内成员就作业和测试中出现的问题开展小组讨论，并以组为单位在课堂汇报讨论结果，通过汇报对共性问题达成共识，尽量做到让学生充分参与。最后，在展示的基础上，进行习作互评，根据教师提供的作文修改检查表，学生之间相互填写同伴评价表，引导学生学会作文评价，体会写作，理解写作，在反思中培养学生自主学习和自主探究能力。

3. 课后综合评价

（1）教师任务：及时评阅学生作文并提出修改建议，对本课教学内容达成度进行梳理总结，并在下次课上查漏补缺，着手准备与设计下次课堂教学。

（2）学生任务：根据课堂互动反馈建议，修改作文直至完成定稿并提交，开展课后自主学习。

（三）案例评析

学期结束后，问卷调查结果显示：学生对翻转课堂的满意率接近100%；学生对于微课视频满意度高，86.84%的学生认为微课视频有助于课前自主学习，能够满足学习需要。相比于传统课堂，大部分学生认为翻转课堂模式更具优势，更能促进写作水平的提高。究其原因，笔者认为本案例的主要优势是在此教学流程下的翻转课堂实现了写作课堂从单向式讲授向双向互动式展示的改变，具体体现在如下方面：第一，教学理念的转向，实现了从教师为中心的填鸭式、灌输式教学向以学生为中心的互动式、探究式以及反思式学习方式的转变，唤起了学生课堂归属感，激发了学生写作学习的探究兴趣；第二，评价主体的转向，作文反馈主体实现了从单一的教师反馈向“生生互评+教师反馈”相结合的转变，培养了学生发现问题、分析问题和解决问题的能力；第三，教学方式的转向，信息技术赋能，课堂教学从线下教学为主向“线上+线下”相结合的混合式教学的转变，丰富了教学资源，提高了课堂效率，提升了学生的学习能力。

当然，就本案例而言，其明显不足在于主要采用问卷调查的方法，从学生主观感受出发形成对翻转课堂在“基础英语写作”教学中应用效果的评价，支撑略显不足。此外，案例对于课后活动的组织与指导、教学内容的拓展与提升等方面并未给予过多的关注。因此，对于翻转课堂在大学英语写作教学中的应用与开发，仍有待于更多的英语教师结合校情、学情，对翻转课堂模式下的大学英语写作教学进行本地化、“本校化”探索与实践，从不同的视角对其深入研究、挖掘，将其优势最大化，为大学英语写作教学改革提供更有价值的建议与参考。

第三节 慕课、微课与大学英语写作教学

信息技术的迅猛发展，极大地推动了人类生活的变革。对于教育领域来说，作为现代教育技术和互联网技术发展的产物，慕课、微课自诞生以来便受到了高度关注，并得到广泛推广与应用，对各个学科教与学的方式产生了巨大影响，为外语教学改革的深入推进注入了新的活力，也极大促进了大学英语写作教学。

一、慕课与大学英语写作教学

作为一种新型的教学理念和教育模式，慕课（Massive Open Online Courses）时代的到来，对全球的高等教育产生了巨大影响。2008 年，慕课理念问世，2012 年被称为慕课元年，此后，慕课行动在全球范围内开展得如火如荼，教育教学模式发生了翻天覆地的变化。根据统计数据，目前主

要的慕课平台有 10 种[①]，累计上线课程 1.14 万余门，截至 2018 年，累计慕课注册人数超过 1.01 亿。最知名的 MOOC 三大平台分别是 edX，Coursera，Udacity。2012 年，哈佛大学和麻省理工学院联合创立 edX（https://www.edx.org/），包括清华大学、北京大学、香港大学、香港科技大学等高水平大学在内，先后有 130 所大学和学术机构加盟。目前可选的在线课程 2124 门，其中以英语为中介语的课程 1913 门，1400 万选修人数，5200 万注册人次。Coursera（https://www.courera.org）由斯坦福大学创立，目前加盟大学和机构 150 多家，在线课程 2700 多门，选课人数达到 3300 多万（以上数据截止时间为 2018 年 7 月）。Udacity（https://www.udacity.com/）始于 2011 年，是斯坦福大学教授 Sebastian Thrun 和同事的一次尝试，他们向全世界免费开放他们所教授的“人工智能导论”课程，结果吸引了来自近 200 个国家的 16 万多名学生关注学习。由此，2012 年 Udacity 正式创立，2016 年正式登陆中国，拥有用户量 900 万（数据截至 2020 年 2 月）。

国内影响比较大的在线课程学习平台有“中国大学 MOOC”“全国地方高校优课联盟”（University Open Online Course，UOOC）和学堂在线。“中国大学 MOOC”于 2014 年由网易与高等教育出版社联合创立，旨在向大众提供中国知名高校的 MOOC 课程。首批上线的大学有 16 所，包括北京大学、浙江大学、复旦大学等。目前加盟大学有 159 所，学术合作机构 17 家，拥有 7920 门精品课程资源库。“地方高校优课联盟”由深圳大学发起创立，目前成员高校 125 所，上线 MOOC 课程 261 门，选课人数超过 30 万。中国慕课平台的开发和发展，对于我国“金课”建设和教学改革具有重大意义。学堂在线由清华大学于 2013 年发起，是教育部在线教育研究中心的研究交流和成果应用平台，是我国首批双创示范基地项目，目前运行国内外高校优质课程 3000 门，主站用户数超过 5800 万，总选课人次超

① 杨永林，张世蓉，丁韬等：《从“慕课”到“小微课”，看大数据在教学中的应用》，《现代教育技术》，2014 年第 12 期。

过 1.6 亿（数据截至 2020 年 3 月）。

慕课以其开放性和可及性的特点受到了广大英语教师、学生的青睐，极大推进了大学英语写作教学改革的步伐。下文基于案例分析，共同探讨基于慕课的大学英语写作教学模式之实践与探索。

【案例 1：基于慕课的大学英语写作混合教学模式】

（一）案例简介

该案例“基于慕课的大学英语写作混合教学实践”始于 2018 年春季学期，共 18 个教学周，其中单周开展写作教学，共 9 次写作课程。大学英语写作教学课题组选取 A 班作为教学实践班，引入优质慕课资源，即美国加州伯克利分校英语写作课程，探索性开展课堂讲授与慕课学习深度融合的混合式教学，其目的在于激发学生英语写作兴趣，提高学生写作水平，提升英语写作教学效果。整个混合式教学按照教学内容分为两个阶段：第一阶段是 1—6 周，前三次写作教学周，主要教学内容选自美国加州伯克利分校英语写作课程中的语法、句子和段落写作概论，旨在帮助学生夯实语言基本功，为后续写作奠定基础。第二阶段是 7—19 周，后六次写作教学周，主要教学内容选自利伯缇大学的慕课“英文写作课”中的短文写作。这一阶段以过程体裁教学法为指导进行混合式教学，目的在于培养学生自主学习能力，提升写作水平。下文具体介绍基于慕课的大学英语写作混合教学模式的组织与实施。

（二）教学实施

1. 课程导航

教学伊始，教师介绍课程学习目标、主要内容及课程学习要求。同时，教师演示通过学堂在线和网易公共课进行慕课学习的具体步骤，并告知学生课前下载手机端 App，以方便学生顺利完成课前自主学习。其次，教师详细说明“基于慕课的英语写作混合教学”具体实施流程，整个学习过程中主要的课堂活动以及教师和学生各自的角色与分工。最后，组建写作课程学习微信班级群，为混合式教学过程中学习资源分享及课内外互动交流搭建辅助平台。

2. 教学实施步骤

基于慕课的大学英语写作混合教学包括课前线上慕课自主学习、课堂面对面教学和课后过程写作三个阶段，每个阶段任务导向（见图 4-6），推动教学过程向前发展，具体实施步骤如下。

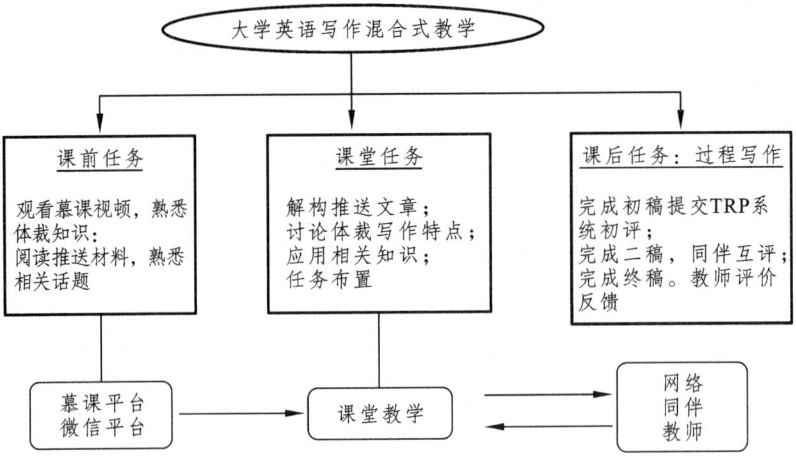

图 4-6　基于慕课的大学英语写作混合教学①

（1）课前线上慕课学习阶段。教师主要任务有：布置慕课学习内容，上传相关主题阅读材料至班级微信群，并且布置对应自主学习任务。学生登录慕课平台，完成慕课相应章节学习，阅读微信群相关主题阅读材料，完成教师布置的课前学习任务，即梳理归纳所学体裁特点及结构，做好下一阶段学习准备。

（2）课堂面对面教学环节。首先，发挥教师主导作用。在课前慕课学

① 斯琴:《基于慕课的大学英语写作混合教学模式探究》,《长春师范大学学报》,2019 年第 3 期。

习的基础上，教师组织学生进行小组交流，讨论学习心得，在教师适时引导下学生就特定体裁的写作风格和篇章结构特点达成共识。其次，问题导向，教师就主题阅读任务进行检测，检测内容包括语言知识和文化知识拓展，此环节的主要目的是为下一环节作文写作积累素材。最后，教师布置课堂练习，帮助学生巩固、内化所学知识并运用。在此基础上，教师布置课后写作任务。课堂教学的最大特点是问题导向、任务驱动，师生协作下实现对所学知识的应用。

（3）课后任务环节。要求学生在两周时间内完成课后主题作文写作。首先，学生可借助作文评阅系统对初稿语言错误进行修改并提交二稿。之后，基于同伴反馈着重修改二稿的内容、结构及逻辑性问题。最后，提交终稿，教师评阅并在下次课堂对作文进行面对面反馈，同时赏析优秀作文，帮助学生加深理解，建构体裁意义。

（三）案例评析

学期结束，课题组针对混合教学实际情况和各环节任务，设计学生满意度调查问卷。结果显示：

1. 优势

学生对基于慕课的大学英语写作混合式教学改革持肯定态度，普遍认为英语写作能力有所提高，教学内容有较强的实用性，易于理解接受；同时，认为该教学模式便于获取、拓展更加丰富的语言文化知识和写作知识。分析其原因：（1）在线课程选自优质慕课平台，提升了教学内容的高阶性，有效地拓展了本校写作课程的内容，丰富了学习资源。（2）该模式下英语写作教学除了选取在线平台的优质 MOOC 课程之外，还采用了微信班级群和 TRP 自动评阅系统，实现了多平台融合互补，多样化教学资源，为混合教学的展开提供了有效支架，保证了混合教学的实施效果。

2. 不足

相比教学模式和教学内容，本次教学改革在教学互动方面调查满意度较低。以上结果说明学生虽认可混合教学模式有助于师生、生生互动，但这两方面仍需提高。分析原因，现有慕课课程平台尽管设置了师生在线交流板块，但实际应用效果并不理想，师生交流的积极性、时效性不高，大部分师生活动仍以课堂讲授环节互动为主。另外，尽管引入了慕课评价机制，但基本以学生对教师的单向式评价为主，忽视了教师对学生的评价、反馈，降低了学生对慕课学习兴趣的持久度。所以，混合教学实施过程中，当授课教师对过程学习督学力度不足时，学生的新鲜感就会降低，课堂教学效果将会大打折扣。因此，基于慕课的英语写作教学效果的根本保障是建立健全教学评价机制，明确师生定位，共同促进基于慕课的大学英语写作教学改革。

二、微课与大学英语写作教学

微课是一种小规模限制性在线课程（Small Private Open Online Course），简称微课（SPOC），又被称为“私博课”，是后慕课时代的产物。SPOC优势主要体现在如下方面：第一，微课平台主要是针对在校大学生开设，是以MOOCs为代表的在线开放课程落地学校教育的一种“小型私有在线课程”的典型范式，具有针对性强的特点。第二，能够融合在线课堂与传统课堂二者之优势，是对学习平台、学习资源和学习环境的创新，具有鲜明的区域性和落地性特点，能够增强教师指导，提高学生参与度和知识掌握程度，为大学教育提供了更好的在线教学模式，是现有课堂教学的有益补充。第三，与慕课的大规模相比，微课采用更精细化管理的教学模式，具有教学内容少、针对性强与教学设计精等特点，被称为“下一代的教科书”。因此，将微课应用于大学英语写作教学是现代教育技术发展的必然选择，也是大数据背景下，大学英语写作教学改革的有效途径。

【案例 2：SPOC 英语写作教学模式】

“互联网+”信息技术在不断推进教与学的变革，高校教育教学正逐步迈进“互联网+教育”时代。正如吴岩司长所言，“互联网+、智能+技术的在线教学已成为世界高等教育在教与学方面的重要发展方向”[①]。SPOC 作为互联网技术的产物，能够有效发挥在线教学与传统教学的双重优势，被广泛应用于大学英语教学实施混合式教学改革。SPOC 教学模式中线上平台包括 MOOC、音视频、电子阅读材料以及数据驱动工具等，线上资源极大丰富。传统教学特指传统模式下普通课堂教学。因此，SPOC 教学模式上述特点既可以保证英语写作理论学习，同时也符合英语写作实践的个性化需求。

（一）SPOC 混合式英语写作教学模式简介

SPOC 混合式英语写作教学模式以学生为中心，通过精心设计教学，激发学生学习兴趣，引导学生主动探究，以提升英语写作能力。整个教学过程包括教学前分析、教学资源设计、教学活动设计和教学评价设计四个阶段。教学前分析主要包括学习对象、学习目标、学习内容和学习环境四个维度的分析。教学资源设计包括学习单元设计和学习资源设计两个部分，其中学习单元是混合式学习教学中最为核心的部分，决定着教学内容的广度与深度、教学手段的运用、课堂教学的组织等。学习资源设计主要突显写作过程，整合教学内容及资源构建数字化网络写作平台。该平台优势在于根据教学目标及学生需求，利用丰富的数字化教学资源，重组教学内容，为混合式教学实施提供智能化环境支持。教学活动设计坚持问题驱动，在课前预习、课中研学和课后讨论三个环节巧设问题，引导学生完成对所学内容从了解到内化再到主动建构的学习过程。教学评价设计是指多元化评价体系构建，包括在线评价、课堂评价、形成性评价和总结性评价。

（二）教学实施

为了检验 SPOC 教学模式在大学英语教学中的应用效果，选取某校非英语专业二年级两个班为研究对象，其中一个班作为实验班，另一个为对照班。教学周期为一个学期，共计 32 学时。为了避免教师、教材等因素干

① 吴岩：以学习革命推动质量革命——高等学校在线教学国际平台上线仪式暨“爱课程”国际平台发布会上的讲话，2020 年 4 月 28 日。

扰，两个班授课教师均为同一教师，并且教学内容、教学进度都保持一致。为了了解学生大学英语写作水平，采用同一篇英语四级真题对两个班进行实验前测试。结果显示，两个班前测试成绩无显著差异，满足开展对比性实验教学的前提。实验期间，教师共布置作文难度与类型相同的写作任务6次，将6次作文写作平均成绩作为本实验后测成绩。具体教学实践过程如下：

1. 课前预习

教师布置课前微课视频学习，以便学生形成对专题知识的初步认知，同时，要求学生将学习笔记与学习过程中的疑难杂症通过在线交流平台交流讨论，并将其作为面对面课堂教学分享与研讨的鲜活语料。

2. 课中研学

首先教师开展形式多样的面对面研讨课，如课堂讨论、小组协作和成果汇报等。研讨内容主要涉及三个方面：（1）学生课前写作专题学习收获分享，对难点、疑点提问；（2）教师对重难点的重申与解读以及对学生提出问题的答疑解惑；（3）对前一次课专题写作进行面对面反馈，指出共性问题，肯定闪光点。

3. 课后讨论

课后讨论是对所学写作专题知识的巩固和强化，教学活动的主要内容包括语篇写作、在线评价、同伴互评和教师评价等。课后讨论的所有活动均在数字化网络写作平台进行，教师可随时对活动进度进行督查，并及时提供学生督学反馈。学生也可自主调阅学习数据，及时发现学习中存在的问题与不足，优化学习效果。此外，在同伴及教师评价的基础上，学生可进一步完善习作，拓宽写作思路，加深对写作的理解，在反复修改中提高写作能力。

（三）案例评析

实验周期结束后，教师分别通过前测、后测成绩比较和作文文本对比分析的方法检验 SPOC 混合式教学模式效果。首先，前后测成绩比较。前测成绩比较结果显示，对照班和实验班写作成绩无明显差异；后测成绩比较结果显示，两个班作文写作成绩均有明显变化，但与对照班相比，实验班成绩提高幅度更大，说明 SPOC 混合写作教学模式对于学生成绩提升更加有效。其次，前后测作文文本比较结果显示，实验班学生后测作文文本的词汇复杂度、词汇密度和平均词长都大于前测作文文本词汇运用，但后测作文文本句长、句数的平均值却均小于前测作文文本的句数平均值，说明 SPOC 混合教学模式对英语作文文本的词汇复杂度、词汇密度、词长和句长有积极作用，对英语作文文本的句数影响不大。综上所述，SPOC 教学模式对提升大学英语写作教学效果有积极的作用，能够促进大学生英语写作水平的提升。究其原因，混合式英语写作教学模式的优势与不足如下：

1. 优势

基于 SPOC 的混合式英语写作教学模式主要优势有：（1）和传统写作教学模式相比，在信息技术辅助下，基于 SPOC 的混合式教学模式突破了时空限制的生生、师生互动，更有利于学生学习习惯的养成，激发了学生自主思考、主动构建知识认知的潜能。（2）基于 SPOC 的混合式教学模式使得新知输入实现了由课堂向课前的转向，改变了传统写作课堂“以讲代写、纸上谈兵”的灌输式教学模式，问题导向使得课堂教学目标更明确、课堂组织形式更多样、精讲多练，形成了师生学习共同体，提高了课堂教学效率。（3）线上数字化网络资源平台的优质教学资源是英语写作课堂教学的有益支撑，平台电子资源、语料库数据、在线反馈、自动评分等功能有效驱动了学生课后写作实践的热情，实现了输入与输出的无缝对接，促进了学生写作水平的提升。（4）混合学习的最大优势在于教学过程动态化、学习过程数据可视化，为教师、学生提供了精准导学反馈，因此，教学过程中教师对学生学习过程数据越关注，反馈越及时，学生的学习效果越好，课堂教学质量越高。

2. 不足

实验结果显示，实验班学生英语作文文本的句长平均值小于对照班，原因体现在如下方面：（1）混合教学过程的考核评价与监督尤为重要，而该案例对此并未做过多描述，因此，建议从考核评价体系上构建科学、合理的多元化考核指标体系；在作文文本的反馈层面，应该从词、句、篇章等维度给予学生明确的评价指标，帮助学生形成对优秀作文的认识并不断向其靠近。（2）信息技术的辅助作用是一把“双刃剑”，在为师生英语写作学习带来便捷的同时，也使师生、生生间的交流变得碎片化，在语言形式上具有口语化、简单化的特点，这一习惯同样也会迁移至英语书面语的表达中，简单句、短句的使用较为频繁。因此，教师在课堂教学和学生作文的反馈中，应该对这一现象给予重视，讲授书面语与口语的不同及长句的写作技巧和效果，鼓励学生在英语写作中恰如其分地用好长句，提高对英语写作的认识，能够在句子写作层面做到句式丰富多变，做到表情达意清楚准确。

5

第五章

基于建构主义的大学英语写作教学评价与反馈

教学评价与反馈是课堂教学质量提升和深化课堂教学改革的关键环节，大数据环境下，构建大学英语写作教学多元评价体系，对学生成果进行科学、合理的评价与反馈是提高英语写作教学有效性的重要保障。建构主义教学评价思想强调以知识建构过程为评价的核心，对学生自我成长和元认知发展进行综合评价，主张采用多形态评价标准，实施动态化评价，对于构建大学英语教学评价与反馈体系与实践具有重大的启示作用。本章围绕评价与反馈，在对大学英语写作教学评价与反馈概述的基础上，着重探讨大学英语写作反馈实践案例，以期对大学英语写作教学评价与反馈提供参考与建议。

第一节　大学英语写作教学评价与反馈概述

评价与反馈作为英语写作教学的重要环节，一直被公认为是巩固学生课堂写作知识，促进内化，提高写作能力的重要手段，历来受到英语教师的广泛关注。评价与反馈作为一种读者向作者的输入，因其能够提供作者作文修改的建设性建议，被看作是作文质量提升的催化剂，在大学英语写作教学中发挥着重要的作用。

一、英语写作评价反馈嬗变

根据建构主义强调学习过程为核心的评价思想，反馈是读者与作者之间的互动。在英语写作教学中，反馈是指教师与同伴对学生作文写作提出的评价、质疑和建议等。这种师生、生生之间的互动能够帮助写作者发现作文写作中存在的问题，从中得到启发并反复修改完善，帮助作者逐步提升自我表达能力。换言之，大学英语写作教学中评价与反馈的效果在一定程度上影响着学生写作能力的提升，也反映着教师写作教学的效果。因此，英语写作教学中评价反馈研究受到专家学者的高度关注。

国外二语写作反馈研究开始于20世纪70年代，随着英语写作教学理论与实践的不断创新，取得了长足的发展。由于受到结果教学法的影响，写作评价与反馈侧重强调语言形式，以终结性的教师单向式反馈为主。因此，长久以来，教师反馈被公认为是二语学习者在情感上最为认可的评价反馈方式。然而对于教师评价反馈的效果，并没有取得一致而广泛认可的结论，如费里斯（Ferris，1997）的研究发现，有针对性的教师反馈能有效指导学生作文修改，启发学生厘清写作思路，做到合理安排结构，充实内容，教师反馈确实有助于写作水平的提高[①]。但也有研究指出教师的评语往往逻辑混乱，随意性大且否定性反馈较多，不能引起学生高度重视，有时甚至会引起学生误解，容易导致写作能力较差的学生无法体验到写作的成就感而失去写作兴趣[②]，也有学者指出针对语法错误的教师反馈意见是没有实际效果的。

20世纪80年代开始，陆续有研究者对教师反馈的作用，特别是对学生写作能力提升的有效性提出异议。有学者对教师反馈与教师指导下的学生互评反馈进行对比，发现学生互评反馈对学生作文的修改效果更加明显。至此，同伴评价与反馈应时而生，国内外学者对同伴反馈开展了系统而深入的实践研究（Zamel，1985； Keh，1990；黄俊华，2007； 邓丽鸣 2010；吴育红，2013）。他们认为，与单向交流方式为特点的教师反馈相比，同伴反馈更关注微观层面，建议更明确且具有针对性，大多同伴反馈以面对面讨论与交流为主，这种双向互动式反馈能够让学生站在读者的视角换位思考，认识到自己在表情达意方面存在的不足，有利于做出内容更充实，思想更丰满的修改；另外，同伴互动反馈更容易营造友好、合作的学习氛围，有利于学生发挥主观能动性，积极思考，找到表达自我的最佳方式，从而促进写作能力的提高。但也有学者对同伴评价与反馈的效果持不同的观点，

① Ferris, D. ,The influence of teacher commentary on student revision. *TESOL Quarterly*，1997（2）：315-339.

② Hyland, K. ,*Teaching and Research Writing*. London: Longman，2002. p.196.

认为同伴互评需要同伴具备一定评价反馈能力，由此对反馈的正确性和公正性提出质疑。

随着现代教育技术和互联网应用技术的发展与融合，不同的在线智能评价系统与英语写作辅助平台，如句酷批改网、Virtual Writing Tutor等，被应用于大学英语写作教学实践，在线智能评价与反馈应运而生。不少学者专家对在线智能反馈进行研究，发现智能评价与反馈使用方便，评价反馈即时快捷，评价结果公正客观，将其引入英语写作教学可以明显激发学生写作兴趣，促进学生自主写作意识的培养，丰富写作内容，有利于学生写作水平的提升。从教师角度来讲，在线智能反馈作为教师反馈的有益补充，可以大大降低教师评阅工作量，有助于教师将评阅精力转向作文写作指导，提供学生个性化反馈，满足学生需求，从而促进学生写作能力提升。但随着英语写作教学改革和研究的不断深入，单纯的在线智能反馈的科学性也同样受到了学界的质疑。王学锋（2011）在博采各种反馈方式之长、避其不足的基础上，提出了形成性评价反馈循环模式，指出写作反馈是集合了教师、同伴反馈和自我评价基础上的涵盖外部反馈和内部反馈的循环过程①。董永义（2018）提出构建“教师反馈+同伴反馈+批改网反馈”的多元反馈模式，指出该模式集三种反馈模式优势于一身，在很大程度上激发了学生写作的兴趣与热情，增强了对英语写作的自信，对学生思辨能力的培养大有益处，值得推广②。

总之，纵观我国英语写作教学评价的发展历程，不难发现写作评价变化的特点具有评价观由“以教为中心”走向“教学并举”，评价主体由单一走向多元，评价方法由简单移植走向多元整合三大特点。相信未来随着教育教学环境的变化，关于英语写作教学评价中反馈的有效性话题还会引起

① 王学锋:《形成性评价反馈循环模式与英语写作教学评价原则及措施》,《解放军外国语学院学报》，2011 年第 1 期。

② 董永义:《二语写作中评价反馈现状及应对策略研究》，《湖北函授大学学报》，2018 年第 12 期。

学界专家、学者的持续关注。

二、英语写作评价中的反馈类型及特点

（一）按写作评价的反馈主体分类

1. 教师反馈

教师反馈是教师作为评价主体，按照写作课程目标和写作评价标准，对学生作文从语言、内容以及结构等多维度提出修改建议的反馈。这是一种自上而下的单向式评价，在写作教学中最为常见、使用频率最高的一种传统的评价反馈方法。

优点：（1）有助于教师直接掌握学生的写作情况，能够对作文中出现的问题给出针对性修改建议，可参考价值高；（2）具有一定的权威性，评价较为全面，学生容易接受和采纳。

缺点：（1）教师反馈工作量相对较大、耗时长，评价反馈具有滞后性；（2）教师反馈具有一定的主观性，存在厚此薄彼的弊端；（3）教师反馈多以批评与否定性评价为主，对作文闪光点的赞赏与肯定相对较少，在一定程度上削弱了学生写作的积极性。

2. 同伴反馈

同伴反馈是对教师反馈不足的有益补充[①]，又被称为同伴互评或生生互评，是指学生以小组或结对的形式，依据同伴互评标准对彼此作文进行相互评阅，指出作文写作过程中出现的问题并给出修改建议。相对于教师反馈，由于评价反馈主体个体差异性较大，同伴反馈具有一定的非正式性。在同伴反馈的过程中，学生按照教师所展示的评价指标，结合自己的独立思考，从语言、内容及写作规范等方面，审视评价同伴作文的优劣。

优点：（1）有效减轻了教师评改作文的负担，强化了学生在写作课堂的主体意识；（2）生生互评互助，有利于增强学生的读者意识，发挥学生

① Hyland, K., *Teaching and Research Writing*. London: Longman，2002. p.196.

的主观能动性，从而获得成就感；（3）学生在互评的过程中加深了对写作的认识，能够发现别人之长，学会补己之短，促使双方形成彼此的评价标准；（4）有效避免了由于师生心理距离较大而造成的矛盾或隔阂，降低了写作的焦虑感，更容易被学生接受；（5）同伴评价拓展了学生作文内容深度，潜移默化中培养了自身的思辨能力。

缺点：（1）需要开展有针对性的互评培训，否则评价就容易流于形式，评价的有效性将大打折扣；（2）评价反馈的准确性、客观性及评价质量参差不齐，导致学生从同伴互评反馈中的获得感及对同伴互评的认可度差异性较大；（3）对评价者评价与反馈能力要求较高，只适合在写作水平较高的学生中使用。

3. 自我评价

自我评价是写作者自己作为评价主体，按照某种作文评价标准，对自己的作文进行自我鉴定的方法，是写作评价反馈常用方法之一。

优点：（1）自我评价有利于培养学生的自主学习能力，学会在自主探究中发现问题、解决问题，培养了学生学习的主体意识和责任感；（2）有利于提高学生自我评价、自我反思和独立思考的能力；（3）自我评价有利于作者以读者的视角客观审视自己的作文，促进学生反思，从而促成其对写作知识的意义建构，实现提高写作能力的目标；（4）是教师反馈的有益补充，教师反馈与学生评价有效互动，有助于学生从不同视角认识写作。

缺点：（1）评价主体的差异性较大，评价质量难以保证；（2）需要教师随时引导，前期评价指标制订与培训耗时较长。（3）因缺少同其他评价主体的互动交流以及同主题作文的横向比较，评价主体对自我评价的有效性影响较大。

4. 智能反馈

随着大数据技术与大学英语写作教学深度融合，基于网络的智能反馈应运而生。智能反馈是指依托某种网络智能写作评阅系统或平台，在人工智能技术的支持下，通过比对学生作文与标准语料库作文之间的距离即时生成作文的得分、评语以及内容分析的综合反馈[①]。

优点：（1）使用方便，评价快捷，反馈及时；（2）评价过程不受人为因素影响，评分结果较为客观；（3）以句子反馈为单位，评价较为全面，包括总分、作文的内容、组织结构、词汇、语法和格式规范等，还具有检测抄袭功能；（4）由于评价反馈即时可得，有利于激发学生的写作兴趣和热情，评价针对性强。

缺点：（1）容易受外部环境限制，如是否有网络、是否有电脑；（2）智能评价系统往往不对外公开免费使用，产生费用较高；（3）较多关注学生的语言能力，对作文内容的切题性及学生思维能力评价相对不足。

（二）按写作评价的反馈阶段分类

1. 诊断性评价

诊断性评价（Diagnostic Assessment）又称准备性评价。广义上讲，是对潜在问题的诊断或预判。具体来说，教学过程中诊断性评价是指教师借助某种评价手段或方法，对学生知识、能力和情感等的综合性预判。诊断性评价常常发生在某项教学活动开始之前或进行之初，其目的在于找出学生学习过程中存在的潜在困难，以便教师合理安排教学计划，针对具体问题调整教学策略，以确保教学效果。换言之，诊断性评价是教师确定教学起点，判断学生是否具备继续学习、满足教学目标所具备条件的重要依据，是教学活动的准备环节之一。

优点：（1）能够帮助教师提前了解学情，为后续教学活动的实施提供依据；（2）能够发现学生的个体差异，因材施教，以满足学生个性化学习需求；（3）能诊断学生学习中存在的潜在困难，提供针对性指导预案，保证教学得以顺利进行。

① 蒋艳，马武林：《中国英语写作教学智能导师系统：成就与挑战——以句酷批改网为例》，《电化教育研究》，2013 年第 7 期。

缺点：（1）诊断性评价所采用的方法、手段的科学性不同，会导致评价结果与学生真实情况之间存在一定的差距，可能会导致片面性预判。（2）诊断性评价的针对性强，往往适用于对某一特定教学目标的预测，因此，评价结果具有短期性，不能全面综合反映学生的学习情况。

2. 形成性评价

形成性评价（Formative Assessment）从思想萌芽到形成发展，历经近80年的探索与实践，实现了从完善教学方案到促进学习成效，从只关注教学某个阶段到重视教学过程的两次飞跃，已经成为教学和学习过程不可分割的一部分。因此，形成性评价又被称为过程性评价，是指教学活动过程中对不同教学阶段学生的学习行为、能力发展和成绩进步等的综合评价，其目的在于为教师与学生提供有益的信息反馈，更好地促进教学目标和学习效果的实现。形成性评价常贯穿于教学过程始终，主要通过翔实的数据，记录学生学习行为，通过多样化的评价形式全面考查学生的学习效果，如学生的学习报告、课程作业、专题讨论、小组学习、随堂测试等，对学生学习过程表现进行诊断。在这个过程中，学生参与评价并在反馈的基础上积极反思，不断改进自身学习，学习的主体意识日益增加，评价、教学、学习成为一个有机的整体，共同促进教学目标与学习成效的达成。

优点：（1）对于教师来说，能够及时发现教学过程的不足，为改进课堂教学效果提供依据；（2）对于学生来说，能够及时发现自我学习中存在的问题，及时查漏补缺，调整学习策略，巩固、内化所学知识；（3）有利于教师、学生双方建立对“教与学”的客观认识与评价，形成合力，促进教学目标的实现。

缺点：（1）因形成性评价形式具有多样性和评价的连续性特点，因此，对于教师来说，科学合理的评价构成设计具有一定的挑战性；（2）由于评价的不间断性，评价数据的收集、统计、分析等工作增加了教师的工作量；（3）由于评价形式多、频率高，容易导致学生对学习产生厌烦，甚至抵制；（4）形成性评价的连续性容易导致教师过度关注评价过程数据的统计而忽略评价结果的分析与运用。

3. 终结性评价

终结性评价（Summative Assessment），又称结果性评价，是对整个教学过程或相对完整的教学阶段教学目标的达成度进行的鉴定性评价。终结性评价重点关注学生的学习效果，是以预先设定的教学目标为基准，通过测试的方式对学生的学习表现、课程实用性以及教师教学方法的有效性等进行的评价，具有评定分数、划分等级的作用。

优点：（1）能从总体上对某一阶段的教学结果进行评价，促进教师反思教学过程中存在的不足并及时调整，为教师确定后续教学起点提供依据；（2）能对学生一个阶段的学习结果进行较为全面的反馈，帮助学生了解自己的学习情况，改进学习。

缺点：（1）由于终结性评价主体、方式的单一性，评价结果有时不能全面反映教学、学习的全貌，有失客观，也可产生“唯分数”论高低的评价导向；（2）过于关注学习结果而忽略了学习过程中信息反馈的作用，不能有效激发学生的主体作用，不利于学生及时发现问题、调动学习热情、改进学习策略和提升学习效果。鉴于此，为了更清楚地认识以上三种教学评价，其异同比较详见表 5-1。

表 5-1 诊断性评价、形成性评价、总结性评价比较

项目	类型		
	诊断性评价	形成性评价	终结性评价
评价目的	对学生潜在学习问题的预测，以合理安排教学计划	对学生学习过程表现进行信息反馈，促进学生进步与发展	在对教学目标达成度进行评价，评分定级
适用情况	任何教学活动之前	在教学过程中实施	某一阶段性学习结束之时
评价主体	教师	教师、同伴、本人	教师

续表

项目	类型		
	诊断性评价	形成性评价	终结性评价
评价重点	认知、能力、技能	认知能力	学习结果、侧重认知能力
评价方法	问卷调查、测验等	课堂观察、测验、课堂作业、课堂展示、小组合作等	期末测验或总结性测验
主要特点	前瞻性	前瞻性、连续性	总结性

（三）按写作评价的反馈形式分类

1. 评语评价

评语评价是指教师按照写作评价标准，以书面语的形式对学生的写作表现给予的综合性反馈，是写作评价反馈的主要形式，对学生进一步修改、完善写作有着重要的指导性和启示性作用。评语既可是内容、结构和逻辑等宏观性反馈，也可是对某一具体的语言使用规范给予的针对性反馈。

优点：（1）评语评价针对性强，可以帮助学生明确写作过程中存在的不足，提出建设性的建议，学生重视度高，评价效果好；（2）好的评语反馈是师生情感交流的有效途径，可以极大帮助学生树立写作自信，激发写作热情，有着积极的引导价值。

缺点：（1）高质量的评语反馈对教师的要求较高，由于缺少必要的培训，评语质量参差不齐；（2）由于写作作业形式的特殊性，评语评价需要教师投入大量的精力、时间，极大增加了教师的工作量。

2. 等级评价

等级评价是教师按照一定的作文等级评分标准，采用“A+”“A”“A-”等符号或采用 1、2、3 等简单的数字对学生的写作表现予以评价的一种方法。等级评价是对作文评价标准的高度凝练，涵盖了从表达、内容到思维等大量信息，能够较为真实反映学生的写作水平。

优点：(1) 评价方式直观明了，方便学生快速定位自己的写作水平，认识自己的不足；(2) 等级评价在一定程度上减轻了教师的工作量，方便教师有更多的精力、时间投入教学设计与教学过程。

缺点：(1) 具有高度的概括性，如果学生对每一等级的内涵解读不明的话，评价的反馈作用将会大打折扣，学生因得不到明确的反馈信息，作文修改效果将不尽如人意；(2) 等级评价具有较强的主观性，评价主体不同可能会影响等级准确性；(3) 等级评价可能会误导学生过多关注评价的结果，而忽视了等级之后的反馈作用，有时会挫败学生写作的积极性。

(四) 按写作评价的方法分类

1. 整体评价

整体评价也叫印象评分法，是教师基于学生作文的主题、词汇、内容等写作元素的整体质量给予的印象性评价。因整体评价不分解评价内容，不要求对分项进行赋分，因此，一般情况下，多用于大规模或总结性的评价活动。

优点：(1) 强调读者视角，因而更加符合自然的阅读方法，具有较高的效度；(2) 因其基于学生作文全貌的大致判断，从而评价效率高，节省人力、物力。

缺点：(1) 容易受到书写规范、排版等因素干扰，评价结果准确性受到影响，导致评价信度较低；(2) 对评价主体要求较高，评价结果具有差异性；(3) 由于评价结果以简单的分数呈现，无法帮助学生了解写作中的具体问题，反馈缺少针对性，对学生的指导性较弱。

2. 分项评价

分项评价是依据写作评分量表分项，如内容、结构、逻辑、表达等要素，对作文进行逐项评分的一种评价方法。根据不同的体裁及评价目的，评价要素可适当调整，有所侧重，如既可以从语言、内容、逻辑等维度进行评价，也可从写作规范、结构及表达层面进行评价。与整体评价相比，分项评价的优势在于将体现语言综合能力成果的作文进行分解，给予诊断性反馈，从而发现学生语言学习过程中的不足，对症下药，为开展专项训练提供依据。

优点：（1）对学生作文从不同维度赋分，方便教师全面了解学生作文的整体情况；（2）能够提供更多关于学生写作能力的诊断性信息，可以帮助教师教学中做到有的放矢，对症下药，提高教学内容的针对性，满足学生的学习需求；（3）能够提供较为丰富、全面的反馈信息，评价信度较好；（4）有助于学生对优秀作文标准的全面把握，并努力向之靠近。

缺点：（1）做到科学合理的分项评价需遵循较为复杂的评分步骤，按照量表逐一评分，评价工作量大，耗时费力，不适宜对大规模测试的作文评价；（2）在一定程度上减弱了学生对作文整体的宏观认识，可能会导致学生将注意力过多集中于作文的某个侧面，一叶障目。

综上所述，写作评价反馈分类标准多元、方法多样，不同类型下的评价反馈方法各有特点，具有各自适用的条件和范围。大学英语写作课堂教学过程中，教师应根据写作要求、评价目的与作用和运用评价的时间等因素灵活选择恰当的评价方法，以获得最大的评价效果。为此，为了更好地发挥“以评促写”“以评促学”“以评促教”的效果，教师在写作评价方法的选择时，应兼顾以下两个方面：第一，基于课程目标，以提高课堂教学效果为目标，精心设计写作任务，构建写作评价反馈体系，做到多种评价方法相结合，从不同侧面对学生写作水平进行科学画像，为教师教学策略调整提供参考。第二，基于学情，以促进学习为目标，探索评价主体多元化、评价手段多样化的混合式评价模式，激发学生的主体作用，引导学生开展自我评价，促进反思，为学生写作学习策略调整提供反馈。总而言之，写作评价功能的充分发挥与否决定着课堂教学质量的好坏，也影响着学生写作能力与水平的提升程度，需要广大英语写作教师在实践中不断探索与反思，以促进大学英语写作教学改革的不断深化。

第二节　大学英语写作教学评价与反馈案例

评价与反馈是大学英语写作教学中强化课堂教学效果，向学生提供个性化写作指导的重要手段，其重要性已得到学界的广泛认同。关于二语写作教学的评价与反馈研究历经40年的发展，从反馈主体、方法及效果等各个方面均取得了长足的进步，但在大学英语写作教学实践中应如何充分发挥其功能，真正实现“以评促学”，仍需进一步探讨。本节基于评价与反馈实践案例，探讨教师反馈、同伴反馈、在线反馈和“线上+线下”反馈四种常用反馈方法在大学英语写作教学中的应用，从而找寻充分发挥评价反馈促进大学英语写作教学改革的实践路径。

一、教师反馈

近年来，同伴反馈、计算机反馈等反馈新形式不断涌现，但教师反馈在写作教学中仍具有重要的作用，处于教学反馈的主导地位。埃利斯（Ellis，2009）认为教师反馈主要包括纠错性反馈和非纠错性反馈[①]（见图5-1）。纠错性反馈是指教师对学生作文中出现的错误提供的反馈信息，也被称为修正性反馈。从反馈信息来看，反馈涉及语言、结构和内容等多个维度；从反馈方式来看，教师反馈包括书面反馈与口头反馈，其中书面反馈是教师反馈中最为常用的反馈形式，其又可细分为直接反馈、间接反馈和重新表述。非纠错性反馈主要针对作文形式、思想内容、逻辑性和语篇组织等，需要学生深入思考语言现象的建议或反馈。国内外关于修正性反

① Ellis, R. A typology of written corrective feedback types. *ELT Journal*, 2009(2): 97-107.

馈的研究有两种截然不同的观点：一是认为其无用甚至有害，因而反对使用[①]；二是认为其可以帮助学生提高语言的准确性[②]。下文采用教师反馈实例演示，结合个案分析，着重探讨教师书面反馈的应用与作用，以期为提高教师反馈效果，促进学生英语写作能力的提升提供参考。

（一）教师反馈实例

本部分以笔者对学生作文的反馈为例，采用直接反馈和间接反馈相结合的方式，展示两种反馈在学生作文中纠错方式及具体类型。

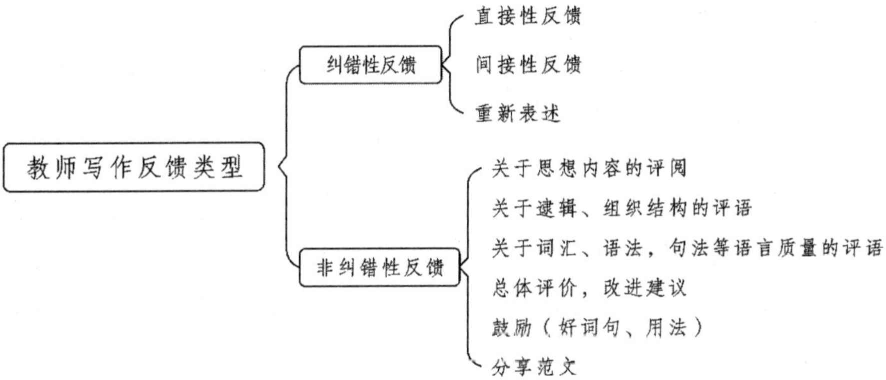

图 5-1　教师写作反馈类型

1. 纠错性反馈

（1）直接反馈。直接反馈是指教师明确告知学生作文中的具体错误，并提供具体修改错误的建议或方法，常用于对学生写作时违反语法规则而产生的错误类型的纠错，如单词拼写错误、时态、语态及词性误用等。

实例 1. As is known to all, English is the <u>most wide</u> spread language. （词性误用）

Teacher feedback：**widely**

---

① Truscott, J. Evidence and conjecture on the effects of correction: A response to Chandler. *Journal of second Language Writing*, 2004（13）：337-342.

② Chandler, J. The efficacy of various kinds of error feedback for improvement in the accuracy and fluency of L2 student writing. *Journal of Second Language Writing*，2003（12）：267-296.

实例 2. Playing video games is a way of wasting time and money, which will affict people' s work and study.（单词拼写错误）

Teacher feedback：**affect**

实例 3. In my daily life, I wish I can have a peaceful but wonderful life, watch favorite movies with my life partner and do something meaningful.（虚拟语气勿用）

Teacher feedback：**could**

实例 4. As for me, I just want be a volunteer.（动词使用不当）

Teacher feedback：**to be**

实例 5.They spent their vacation in National Park, where you see remnants of ancient glaciers.（代词误用）

Teacher feedback：**they**

实例 6. When in diapers, my mother carried me to take the airplane.（垂悬修饰语，从句的逻辑主语与句子主语不一致）

Teacher feedback：When I was in diapers， my mother carried me to take the airplane.

（2）间接反馈。间接反馈是指教师只对学生文章中出现的错误进行标注提示，而不给出具体、明确的方法，用于对学生作文简单错误的纠错，如词汇误用、搭配不当、不一致等。间接反馈也适用于针对作文内容、逻辑、语篇组织等，需要学生仔细思考语言现象的纠错。此种反馈方式适合于语言水平较高的学生，并常以英语形式给出反馈或建议。

实例 1. Knowing that everyone has their own dream, I am writing with great delight to talk about my dream.（代词指代不一致）

Teacher feedback：Pay attention to agreement between "everyone" and "their".（教师反馈说明：指出错误并标注错误位置，通过提醒的方式，给出修改建议。）

实例 2. And if my classmates asked me to tell them some questions, I could talk to them happily and carefully.（教师反馈说明：词组搭配不当）

Teacher feedback：Try to think about “tell...questions” or “answer... questions”.（教师反馈说明：指出错误并标注错位位置，通过提示的方式，给出修改建议。）

实例 3. When exercise reaches a certain level, people feel happy and satisfied, and even takes away both stress and unhappiness.（教师反馈说明：主谓不一致）

Teacher feedback：Pay attention to agreement between “people” and “takes”.（教师反馈说明：指出错误并标注错误位置及类型，给出修改建议。）

（3）重新表述。重新表述指学生写作符合语法规则，没有明显错误，但语言表达晦涩、笨拙，不地道，存在中式英语的现象，不符合英文写作习惯等。此类错误的纠错反馈常采用重新表述。

实例 1. In the first place, English is one of the most common languages that are spoken in the world.

Teacher feedback：For the sake of idiomatic expression, change it to “In the first place, English, as a common language, is widely used in the world.（教师反馈说明：表达可以让人理解，但不符合表达习惯。）

实例 2. At first, I needed to look up many words in a dictionary, but later I did not need to do it .

Teacher feedback：For the sake of variety, change it to “I was able to manage reading without dictionary/go on with my reading without consulting the unknown words”.（教师反馈说明：表达单调、重复，可以替换词汇和句型。）

实例 3. At this time, we can move our attention away from the place of stress, do what we like, and relax ourselves. For example, go for sports, listen to music, take a small trip, or talk to a friend for help.

Teacher feedback：The second sentence factually is a sentence fragment. Carefully read it, you will find “For example...” is used to give further explanation on "do what you like". So it can be rewritten as "At this time, we can move our attention away from the place of stress, and do what we like, for example, go for sports, listen to music, take a small trip, or talk to a friend for help to relax ourselves.

2. 非纠错性反馈

非纠错性反馈是指从思想内容、逻辑性和语言质量等维度以总体评价、鼓励、分享范文等方式，对学生作文提出的反馈或建议。具体运用方式如下：

实例 1. Everyone has his own dream. Some want be teachers, some want be doctors, some want be musicians. （语言质量）

Teacher feedback：A little bit confusing about "some want be...". How about the relationship among three sentences? Are they correctly used?（教师反馈说明：指出句子错误并提供修改方向。）

实例 2. As to me, writing is a kind of expressing myself and talking to myself, by the way communicating with myself. （逻辑性）

Teacher feedback：Are the three expressions, like "expressing myself, talking to myself, communicating with myself" of equal importance? （教师反馈说明：对三个句子的逻辑关系提出质疑，引起学生深度思考，提供修改方向。）

实例 3. The cool breeze flew by my face and blew away some of my fatigue, and the mild moonlight streamed through the branches of the trees in the road, a few countable stars twinkling in the sky. （鼓励性评价反馈，精选学生习作中的亮点、金句，与同学分享，肯定学生的优点。）

Teacher feedback：Really fantastic!

实例 4. 段落写作

Electronic video games do more harm than good. Firstly, it's harmful to your brain. In our daily life, many electronic video games can give you repetitive strain injuries, disorders, seizures and other brain diseases. There are some violent video games make children more likely to be fierce and cruel. Secondly, the video games are also damaging to the eyesight. The number of children who wear glasses is more and more. It certifies that more and more children are addicted to the video games. Thirdly, the video games make students not concentrate on learning. The students who abandon themselves to the video games have forgotten the meaning of studying. All in all, electronic video games do more harm than good. （总体性评价反馈，从句法、组织结构、逻辑论证等方面对学生作文给出评价，以肯定和鼓励为主，适当针对问题指出建议，提出修改、完善的方向。）

Teacher feedback：This is a wonderful writing, which is well organized. We can easily follow your ideas to get the main idea you expressed. Besides, some markers, like firstly, secondly, thirdly, are skillfully used to develop your ideas logically and some advanced words, such as seizures, addicted, and so on, are also flexibly involved in expressing yourself.

Suggestion：Pay attention to the underlined sentence, and try to improve it. In addition, read this paragraph several times to refined it once again.

实例 5. 段落写作 （教师对比学生一稿、二稿写作后，给出反馈）

The 1st draft：

Why I choose the English as my major? I had thought about this question before I applied for this school. First, I think English is very useful both in our daily life and in our working environment. The world is becoming more international, so we will meet more people from other countries. Next, English covers a wide range, so I can choose a career I am more interested in after graduation. English helps me to know more about other countries, I am very interested in the history of countries, so it helps me to know them. In a word, English has a lot of promoting effect on my future life, so I choose it.

The 2nd draft：

The reason why I choose English as my major is that I have thought about this question before I applied for this school. First of all, I think English is very important for our daily life and can also play a good role in future job hunting. What's more, we are in an era of globalization and English as a global language helps us communicate with more foreigners. Besides, English covers a wide range, therefore I can choose a career that I am more interested in when I graduate from university. English helps me know more about other counties. Because I'm really interested in the history of countries and English helps me learn them. In a word, English has a great promoting effect in my future life, so I choose English as my major.

Teacher feedback：Generally speaking, the 2nd draft is much more better than the 1st. Firstly, it has clear structure, especially the concluding sentence writing. Besides, supporting sentences are logically arranged, in particular, some transitional expressions skillfully used, such as first of all, what's more, and so on. But some points should be highly considered. For example, the topic sentence is proper? And the 2nd sentence from the bottom is logically developed? and even the sentence of "first of all….", still need to be improved.

实例 6. Warriors in the War without Fire

The COVID-19 pandemic broke out in Xi'an at the end of 2021 and disrupted our orderly life. It was quite a tough period for all of us, as our city was faced with various difficulties that were unprecedented. However, everyone devoted ourselves to this war. And comfortingly, we finally defeated the epidemic through joint efforts.

I had never thought about what kind of posture we college students would show when faced with difficulties. Having experienced the epidemic in Xi'an, I was surprised and also grateful to witness college students' bravery and sense of responsibility. At first, I was so frustrated because I had thought I could go home to enjoy my winter holiday with my family. However, when I was surprised to find that we college students should dedicate themselves to serving our city, I no longer felt frustrated. In spite of the serious situation, hundreds of college students in Xi'an willingly fought against the epidemic in the front line of the postgraduate entrance examination. How brave they were at that moment! Although there existed risks, they still chose to devote themselves to helping fight against the epidemic. They did such terrific jobs that I was touched to find that we students can bear the responsibility for our city without hesitation. Besides, when our school needed to conduct nucleic acid tests on all of us on campus, many students volunteered to serve our school. It was bitterly cold in those days and were shivering from the cold, let alone those volunteers who managed the order. Exhausted and cold as they felt, they still persisted in their posts. Additionally, we college students obeyed the management and actively cooperated with school's epidemic prevention and control work, making the work become more effective.

Despite the serious epidemic situation, what impressed me most was the bravery and sense of responsibility of college students. They were like warriors in the war without fire. Witnessing their selfless contribution and strong will, I felt grateful and surprised. Therefore, I hold the firm belief that our country will become stronger with the efforts of the new generations. （范文分享。笔者每次完成写作作业反馈，均会精选优秀习作，在课内共同讨论，让作者和读者对话，开展“火眼金睛读后感言”分享活动。此种方式不但激发了作者的成就感和写作兴趣，潜移默化中也培养了同学们的读者意识，引导学生学会欣赏美、鉴赏美。）

实例 7. Shine for You and for the Place Where You Are

—My Obsession with ×× University

It has been 2 years since I stand here for the first time. Very nice to see you again, my friends. You all look so gorgeous today.

It was about 2 years ago that the most significant part in my college life began just right here. It was the first time for me to attend public speaking contest and I exposed myself to hundreds of pairs of eyes. During that speech contest, I was telling a story of earthquake. But when I was standing on this stage, every single cell in my body was shaking and trembling because of uncontrollable nervousness and fear as if I were in a real earthquake.

After that "earthquake", I found it extremely difficult to pull myself together and I did consider that I would lose my self-confidence, dignity and all happiness in the following years.

It was the worst of experience and the best of experience. From then on, every time when other speaking opportunities came to me, I chose to seize them to get on stage again. To do or not to do, it's not a question; it's out of question.

But what led to my transformation? My own efforts alone were not the all reasons. It was my teachers who reached out to me when I was indulged in infinite denial and confusion. They represent the teaching philosophy and original intention of ×× University to "let the helpless become confident". They enlightened me with reassuring spiritual encouragement, sufficient public speaking techniques, and professional skills. All that I have got from their teaching shaped who I am.

This year, under the guidance of our teachers, I went out to attend English competition. What impressed me most was that our teachers ironed the clothes for me till midnight. They not only teach us professional knowledge, but also support us and care for us in all aspects of our lives.

Till now, I have been on stage for dozens of times over the past two years. Now I can not only handle my nervousness effectively but also can convey my ideas confidently.

So, as a junior, I' d like to do everything I can to continue what my teachers have been doing — to help more students who want to get on stage to get on stage.

There are also countless students who have received their teachers' help and decided to help other students in need, because one star is not only going to shine for itself but going to shine for the place where it is. The dedication and love of teachers to students are wholehearted and the influence of teachers on students to inherit the virtue to help and care about others is everlasting and will pass on forever. This is how I understand the obsession with ×× University.

My story started here and will soon end here, but it is also a brand new start for me. I am about to take all that ×× University has taught me, to stand on the stage of my life, to face my audience, and spend my whole life giving my speech.

So, my future audience, I'm ready, are you? Thank you! （范文分享。该范文是篇演讲稿，作者获得校演讲赛一等奖。整篇演讲稿感情细腻，娓娓道来，感染力极强。经过课堂分享，大家畅所欲言，感触颇深，得出了如下结论：好的写作除了语言表达准确、流畅之外，应该内容思想为王，只有真情实感才能引起读者的共鸣。）

实例 8. Red Star Over China, an Unfinished Story

What is the so-called red star? When I was a pupil, red star was an award given by my teacher for the great work I did, which inspired me to be more active in the class. When I was a middle school student, red star was the great people who rescued China from the desperate situations, like Mao Zedong, Zhou Enlai, Li Dazhao and so on. The sparks within them lit the prairie fire sweeping China. Now as an adult, I think the red star is a kind of spirit which is left by our revolutionary predecessors which can light up the way forward all the time.

What exactly are these spirits? In the book *Red Star Over China,* the story of Long March told the world that the spirit is the unremitting adherence to achieve our goals; it is an unbreakable belief and bravery to face all the difficulties; it is the invincible perseverance to conquer every obstacle. And it is these spirits that made the Long March so incredible and captured the world's attention. Although the Long march in wartime has ended, but the spirit it left us is remained and continued to be passed on.

Nowadays, we are encountered with new challenges that are very different from the past. I still remembered, on the Spring Festival's eve, I was having dinner with my family and enjoying the moment, everything looked fine. Suddenly, the corona virus showed its fierce fangs. So my big brother, who is a medical worker, willingly went back to his position on the first day of Chinese new year. And I didn't see him again, until the end of the lockdown after half a year. The reason he chose to go is that he is willing to dedicate himself to saving others.

The recent catastrophic flood in Zhengzhou also reminds me of the flood in my hometown Jingxing on July 19, 2016. My father was in the rescue team at that time and I asked him why he chose to pitch in the team. His answer is still ringing around my ears. He said this is the only thing he could do for the others. Even right now, there are countless small potatoes around us who is doing the same things as my family do.

Maybe the Long March in war time has ended, but the Long March in our time is still on going. Maybe the people who participate is renewed, but the spirits of our predecessors are well inherited, and the goal is always the same, which is fighting for everyone's better future, as long as the spirit like red stars are shining in the sky, we won't be lost in the night. Speaking for ourselves, the spirits we inherited can also earn ourselves a better future. Thanks to the valuable characteristics, I won't hesitate when I need to devote myself. Because in the present generation, we're the next group of participants in the Long March which has a new form. We are always waiting, preparing, and willing to dedicate our modest strength as a single ordinary people. （范文赏析。该范文选题来源于 2021 年外研社·国才杯全国大学生英语演讲比赛题目：*Red*

Star Over China，即红星照耀中国。作者从对 Red Star 的认识开始娓娓道来，提出“红星精神”，并从身边故事讲起，引出主旨“红星精神的传承是年青一代义不容辞的责任与担当”。文章结构严谨，观点鲜明，论证有理有据，故事选材以小见大，内容充满真情实感，平易近人，语言流畅，是一篇很好的习作。尽管文中存在个别语言错误及输入不规范问题，但是瑕不掩瑜。班级分享后，提出问题“Ask yourself, what will you do for others?”引发学生深度思考）

例 9. Protecting the Blue Planet—to Paint the Planet Blue Again

This is the cover picture we see, when we log in WeChat. But do you ever ponder why this one? Actually, there is a story behind the photograph. On December 7, 1972, a crew onboard the Apollo spacecraft from 29,000 kilometers away captured this famous photo, “Blue Marble”. It remains as one of the most iconic views of the earth from space in history.

Since then, the earth has been in the eye of every individual. From the outside, it’s a blue planet. From the inside, we saw a blue sky. Nowadays, we basically see sky, like this. Dark clouds massed on the horizon. “Blue Marble” broke our blank notion of the earth; but we broke the blue marble.

Without further ado, air pollution is a public health hazard. Scientists from the Max Planck Institution Medical Center Mainz calculated in a new study that the global, public loss of life expectancy caused by air pollution is higher than many other risk factors such as smoking, infectious diseases or violence. This is not a distant threat; it is a present danger. So I have come here to bring our ignorance to an end. I bear a message of change, not choice.

With the benefit of gigantic social networks nowadays, I come up with an idea of setting up an environmental organization, BLUE, which signs in accounts on various social apps, like Tik Tok, Weibo, uploads creative means about improving air pollution to call on the other users, and to propagandize the environmental awareness.

The name BLUE has a larger sense with each letter conveys a deeper implication as initial. B for beasts; L for layman; U for ulcer; E for emergency. To be more specific, to paint a blue sky, first thing first, we should cage the beasts inside us. Unlike beasts, we act by morality, not by brutality. Secondly, for environmental protection, most of us are just laymen. That is to say, though we may have heard of tough issues like waste sorting, global warming and air pollution, we are lack of standard training to build a system of environmental protection. Moreover, the problem we face is just ulcer which could possibly turns into a terminal disease if we do nothing. My call to you is a plea for awareness and actions. Last but not least, air pollution is an emergency to us all. I want your action, not only attention.

COVID-19 paints the planet mask blue; forest fire paints the planet red and black; with actions, we can paint the planet blue again. （范文赏析。该作文选题来源于 21 世纪演讲大赛主题：环境保护。作者从微信启动界面"蓝色弹珠"说起，引人思考蓝色星球面临的最大危险，并从自我做起，号召人们保护地球。语言表达铿锵有力，内容紧扣主题，环环相扣，引人深思。）

实例 10. Chinese Miracle

What is a miracle? A miracle may not happen every day, but it can shock the world once it happens. Recently we all witnessed the greatest Chinese miracle. July 20th is supposed to be a normal day. The weather forecast said there is going to be heavy rain in Henan province but no one expected it could turn into a tragedy. The heavy rain pouring out of the sky seemed to be expressing the fierce anger of the nature. In just one hour 106 times the amount of water of the West Lake was shoveled into this province. At that moment everything floated on the surface of the water. It was just like the modern-day Titanic. On the social media, everyone was screaming out for help. Gladly our extraordinary government responded with swift action. All the troops from all over the country rapidly travelled to Henan to help because in this country nothing is more valuable than human life. Not only the government but also Chinese citizens all over the country were gathering around all the rescue team numbers on social media. What touched me most is that when a barber heard the news, he put down the scissors he was holding and immediately went out to help the troops fight on the frontlines against this disaster. Even though this flood affected so many corporations they were not concerned about themselves and donated massive amounts of money to help. At that period there was no more top trending or celebrity rumors. The whole country's focus was on saving the people. Just like the saying goes, "Man by his efforts can conquer nature," the Chinese people did not let this disaster take over their lives and rose up united together as a chain to fight. In the rest of the world miracles don't happen every day but here in China the miracle has a long term visa and you are always being looked after.（范文赏析。该作文选题来源于 2021 年第二届用英语讲中国故事大学组演讲主题 Chines Miracles "中国奇迹"。作者以 2021 年发生在河南的"洪灾"为背景，生动地讲述了全国人民面对灾难，团结一心、众志成城，战胜天灾，创造了中国奇迹的故事。作文以设问开头，引出故事，让人出乎意料；语言表达自然流畅，主题突出，生动再现了全民抗灾的场面。同时，教师引导学生举一反三，正确认识一篇作文的优点与不足，比如，如何看待文中画线部分的表达，讨论后形成好作文的评价标准：语言流畅，行文自然，内容有深度，思想有高度的作文才是好作文。）

（二）教师反馈研究案例评析

1. 案例简介

此案例基于李勇老师的"教师书面修正性反馈对英语写作复杂度的影响"，实验对象是湖南某学院非英语专业 54 名大二学生。学生整体上英语基础知识较为薄弱，语言水平不甚理想，写作尤为突出。每周 4 学时，实验周期为 16 周。实验研究的目的是检测直接反馈和在错误处标注错误类型的间接反馈对中等水平的非英语专业外语学习者英语写作复杂度的影响。

2. 案例实施

教师根据学生第一次作文成绩和期末成绩综合考虑，将所有学生分为写作水平相当的三个组，每组 18 人，分别为直接反馈组、间接反馈组和控制组。直接反馈组的同学接收教师的直接反馈，即教师明确指出错误类型并给予直接修改，同时也对学生作文的结构、内容、逻辑等提出明确的修改建议。对于间接反馈组，教师通过下画线的方式标注错误并用汉语指出错误类型，针对内容方面的不足教师只给出笼统反馈。对于控制组学生作文，教师不提供任何反馈信息。第一周学生提交一稿，第二周教师按各组反馈形式返回学生，学生在修改的基础上上交二稿。按照如此循环每两周布置一次作文，一个学期共完成八篇作文，每篇至少修改一次（实施流程如图 5-2 所示）。

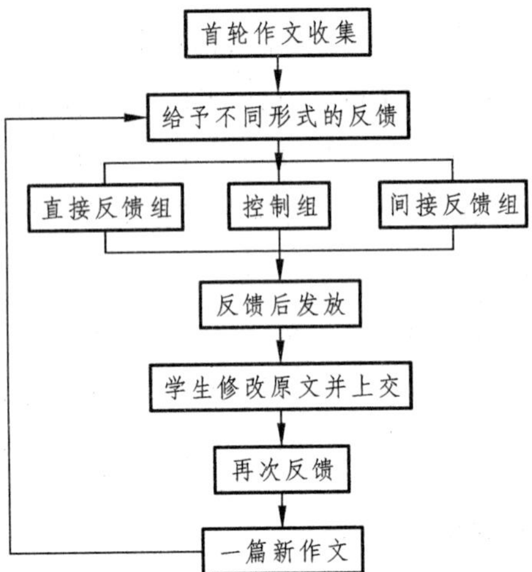

图 5-2 实验流程图[①]

① 李勇，邓红霞：《教师书面修正性反馈对英语写作复杂度的影响》，《外语研究》，2012 年第 4 期。

3. 案例结论

学期结束后，教师以词汇复杂度和句法复杂度为衡量指标对接受不同类型教师反馈学生的写作变化进行分析，结果表明：教师反馈及教师反馈的形式对学生作文词汇、句子复杂度的影响并不明显，但16周的写作训练后，学生作文写作词汇的丰富程度都有显著提高。

4. 案例评析

此案例历经四个月，研究发现，教师修正反馈可以极大丰富学生词汇运用。探究原因：（1）实验期间学生花费了大量的时间输入单词学习，所以很自然就会利用产出机会，有意识地运用所学知识并完成写作任务。因为产出机会越多，越有利于促进学习者把所学知识内化和自如运用。（2）整个实验过程发现写作任务只是课堂作业的一种形式，并不和任何形式的考核挂钩。换言之，受试者处于无压力状态下完成写作任务，所以可以大胆使用新学词汇，借此机会主动内化，构建新知。

对于教师反馈不会影响句子复杂程度的原因，笔者认为：第一，句子写作对于学习者来说是厚积薄发的过程，最能体现学习者的语言基本功。因此，句子写作的复杂程度是学习者个人厚积薄发的过程，在短时间内发生变化的可能不大。这一点与奥尔特加（Ortega，2003）研究结果基本保持一致，英语写作中MLT产生影响需要时间较长（至少一年）[①]，而本实验持续时间只有四个月。第二，占据传统主动地位的教师反馈，不论是直接反馈还是间接反馈，教师更多关注语法、词汇的纠正与反馈，而对于符合语法规范的写作，即使语言表达不够地道流畅，教师也很少给予反馈。第三，教师反馈是课堂教学中的一个环节，受教学设计、教师教学能力、教师态度、班级规模及反馈呈现方式等多种因素的影响，不能仅仅依据某次个案研究就对教师书面反馈的有效性盖棺定论。但需要注意的是，对于教师书

① Ortega, L. Syntactic complexity measures and their relationship to L2 proficiency: A research synthesis of college-level L2 writing, *Applied Linguistics*, 2003（4）: 492-518.

面反馈的认识和理解决不能脱离课堂实际，置于真空的状态下进行研究。因此，笔者认为这也是长期以来写作教学，特别是作文评阅耗时费力，但学生写作水平提升却不尽如人意的原因之一。因此，写作教学中教师应该采用何种方式反馈，何时反馈以及何为教师反馈的重点等问题仍有待广大写作教师和研究者们深入探究。

二、同伴反馈

同伴反馈伴随着过程教学法的产生于20世纪70年代起引起研究者们的关注。同伴反馈是为了得到写作指导和反馈，同伴之间交互阅读彼此作文，给出作文修改反馈的一种反馈活动，也被称为同学评价或同学互改。其核心思想是学生以配对或小组为单位的学习共同体，阅读彼此作文，通过提出问题，给出评价或建议，帮助写作者建立读者意识，获得更广泛的建议并努力完善写作的过程。同伴反馈源于四种理论的支持：过程写作教学理论、合作学习理论、维果斯基的最近发展区理论（Zone of Proximal Development）和二语习得的互动论[①]。过程写作教学理论强调写作是一个渐进过程，在此过程中由于得到不同主体的帮助，学生的写作水平不断得到挖掘与提升，其写作结果不但取决于学生自身的写作能力，也和过程中所接受的教师和学生的反馈相关。合作学习理论鼓励学生共享资源，提倡学生在学习活动中通过相互帮助，通力合作完成学习任务以达到提高学习能力和学习效率的目标。维果斯基提出的最近发展区理论认为学生的发展是在与他人的交往互动中实现的。由此可得，学生的写作能力可以在与同伴的合作与交流中得以发展和提升。互动理论认为互动过程以信息交流为媒介，而组织讨论协商型的小组互动是语言习得的有效手段。充满有效信息的同伴反馈可以帮助作者从读者的视角更好理解自己作文的不足，交流中双方汲取有益信息，提升自身语言水平，促进语言习得。因此，近年来，同伴反馈成为写作教学中国内外研究者和教师持续关注的热点。

① 王颖：《二语写作中的反馈研究述评》，《山东大学学报》，2007年第5期。

纵观国内外研究，同伴反馈聚焦于同伴反馈的接受度、同伴反馈对学生作文修改的影响和同伴反馈的类型三个方面，不同的研究侧面其结果大相径庭，下文围绕同伴反馈实例和其他学者研究案例，探讨同伴反馈在写作课堂教学中应用。

（一）同伴反馈实例

笔者所在学校教学团队在写作教学实践中将同伴反馈与教师反馈结合，尝试对学生写作反馈进行改革，提高反馈实际效果。实施流程按照“提交一稿—同伴反馈—教师反馈—定稿”的顺序进行。需要指出的是，笔者在实施同伴反馈前并没有具体要求反馈一定要按照某种权威或制式评价表进行，而是先进行教师反馈分享，帮助学生建立反馈概念，之后参照丁往道，吴冰的《写作基础教程》同伴反馈列表编制同伴反馈标准（见表 5-2）供学生参考，但不要求一定按此模式反馈，之后进入同伴互评实践。

表 5-2　同伴反馈标准

CRITERIA FOR PEER FEEDBACK
1. CONTENT/ UNITY
A. Has the writing fully developed? B. Is the thesis statement clear enough? Is it well-supported? C. Are there irrelevant materials that ruin the unity of content? D. Is the writing logically developed?
2. ORGANIZATION/ COHERNCE
A. Does the beginning part lead to the main idea of the writing? B. Does the middle part have a clear central idea? Does it relate to the essay's central idea or strongly support the beginning paragraph? Are the sentences arranged in very logical order? C. Does the concluding part clearly tie up the main idea? Or does the concluding part give the readers a clear impression on thesis statement?
3. SENTENCES/ LANGUAGE
A. Is each sentence clearly related to the main idea or not? Are there any irrelevant sentences? B. Are there any mistakes in sentence structure? C. Are there any ambiguous sentences? Is the sentence mostly clear and concise? D. Does the writing use various sentence structures?

续表

4. DICTION/ LANGUAGE
A. Are there words appropriately used? B. Are there any Chinglish words or phrases which may make readers confused? C. Are there collections which may be correct because they are taken from Chinese?
5. MECHANICS/ CONVENTIONS
Are there any mistakes in terms of grammar, spelling, punctuation, capitalization and other aspects?

实践中发现，大部分学生能按照自己的理解，认真给出反馈，特别是学生能力强的同学能够从不同侧面对同伴作文给出中肯的建议，但对于学习能力差、语言基础不好的同学，反馈往往流于形式，敷衍了事。下文就以学生给出的反馈实例 1 和实例 2（详见图 5-3，图 5-4），说明学生反馈中常用的纠错类型。

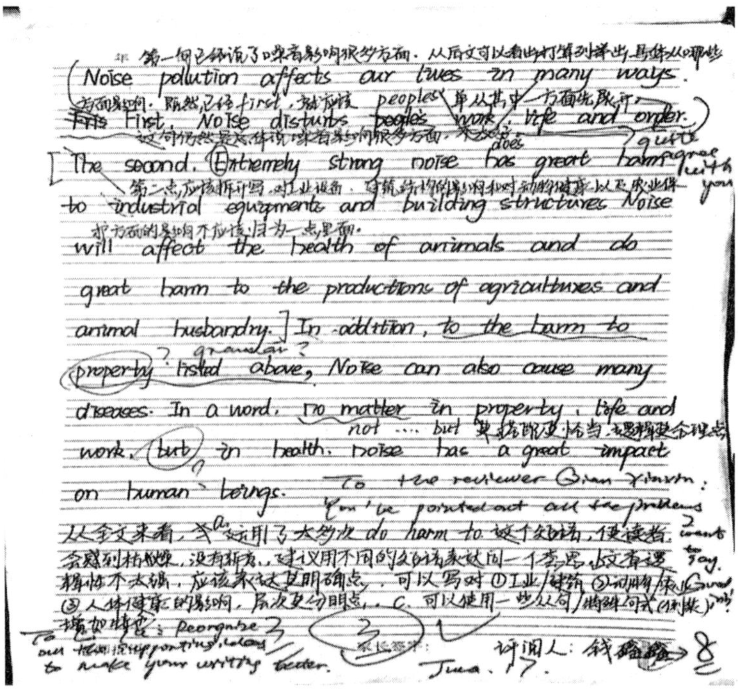
Noise pollution affects our lives in many ways. First, Noise disturbs people's work, life and order. The second. Extremely strong noise has great harm to industrial equipments and building structures. Noise will affect the health of animals and do great harm to the productions of agricultures and animal husbandry. In addition, to the harm to property listed above, Noise can also cause many diseases. In a word, no matter in property, life and work, but in health, noise has a great impact on human beings.

图 5-3 同伴反馈实例 1

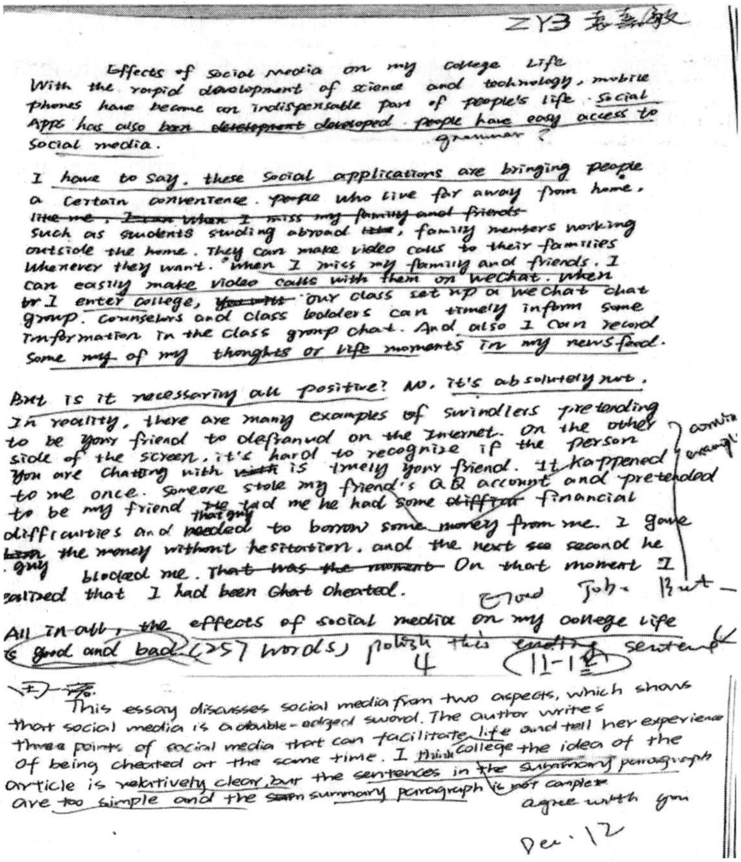
ZY3

Effects of social media on my college life

With the rapid development of science and technology, mobile phones have become an indispensable part of people's life. Social Apps has also been ~~development~~ developed. people have easy access to social media. grammar?

I have to say, these social applications are bringing people a certain convenience. people who live far away from home, ~~like me, I can when I miss my family and friends~~ such as students studing abroad, family members working outside the home. They can make video calls to their families whenever they want. When I miss my family and friends, I can easily make video calls with them on wechat. When I enter college, our class set up a wechat chat group. counselors and class leaders can timely inform some information in the class group chat. And also I can record some ~~my~~ of my thoughts or life moments in my news-feed.

But is it necessarily all positive? No, it's absolutely not. In reality, there are many examples of swindlers pretending to be your friend to defraud on the Internet. On the other side of the screen, it's hard to recognize if the person you are chatting with is truely your friend. It happened to me once. Someone stole my friend's QQ account and pretended to be my friend ~~he~~ that guy told me he had some ~~differ~~ financial difficulties and needed to borrow some money from me. I gave the money without hesitation. and the next second he blocked me. ~~That was the moment~~ On that moment I realized that I had been cheated.

All in all, the effects of social media on my college life is good and bad. (257 words) polish this ending sentence

This essay discusses social media from two aspects, which shows that social media is a double-edged sword. The author writes three points of social media that can facilitate college life and tell her experience of being cheated at the same time. I think the idea of the article is relatively clear, but the sentences in the summary paragraph are too simple and the summary paragraph is not complete.

Dec. 12

图 5-4　同伴反馈实例 2

通过同伴反馈实例 1 和实例 2，笔者发现同伴反馈实践过程中，学生们常用的反馈类型有如下几种：第一，直接反馈。反馈者对作者作文中的语法、短语等明显错误标注并给出正确改法，如实例 1 中“has great harm”改为“does great harm”，“no matter…but…” 改为 “not…but…”，“The second”改为“Second”。实例 2 中 “...like me, when I miss my family and friends...”，同伴直接画线删掉了词句。除了对以上简单明显的错误采用直接反馈的方式外，对于内容的逻辑性方面，也采用了直接反馈，如实例 1 中对于句子“First， Noise disturbs people’s work, life and order.”，同伴指出“既然已经 first，就应该从其中一方面先展开，而这句仍然是总体说噪声影响很多方面，不太好”；再如，“The second, Extremely strong noise has great harm to industrial equipment and building structures. Noise will affect the health of animals and do great harm to the production of agricultures and animal husbandry.”，同伴指出“第二点应该拆开写，对工业设备，建筑结构的影响和对动物健康以及农业保护方面的影响不应该归为一点里面”等。说明同伴对发现的问题会不遗余力表达自己的想法，帮助作者解决问题是同伴反馈首要考虑的问题，而不是考虑采取何种反馈方式才是符合反馈常规作法。第二，间接反馈。反馈者对违反书写规范的错误，如实例 1 中“Extremely”首字母大写问题纠错方式只是指出错误，并没有给出正确答案，对于“to the harm to property listed above, ...”句子中“to…property”只是通过“？”提出疑问，并没有给出明确的反馈建议。如此反馈方式表明学生对于某些语言现象存在不确定性，因此，通过商量、对话的方式，以提出疑问的形式给出反馈建议。作为学习同伴，此种反馈方式恰恰说明反馈者对待此项活动严谨认真的态度。第三，总体评价。实例 1 和实例 2 中，文中评价之后，反馈者最后对整篇作文都给出了总结性评价，评价内容包括作文的主要内容概括和对作文写作的整体评价。其中作文写作的评价往往从选词造句、语言逻辑和条理性三个维度给出评价，并提出具体的修改建议，有理有据，条理清楚。

通过以上反馈实例不难看出，学生对于同伴反馈的态度谨慎又不失真实，认真负责；评价内容不仅关注语言应用和写作规范等写作微观层面，更加关注文章的深层语言特征（文章的结构与思想内容）。所有反馈者都会基于自身语言认知对同伴作文给出中肯的评价与建议，反馈内容较为全面、具体，既有评价又有建议。即使过程中有些错误没有指出或遗漏了（如实例 1 中“The first, Noise…”，“Noise”的首字母大小写问题。实例 2 中“Social Apps has also been developed people have easy access to social media.”主谓一致和串句问题；“All in all, effects of social media on my college life is good and bad.”句子表达错误等）或是以疑问的语气提出问题，但瑕不掩瑜。总体上来看，同伴反馈实践在一定程度上缓解了教师批改作业的负担，也让学生在反馈和互动中更好地学习同伴的优点。这样的反馈不但可以使原作者受益，反馈者也在给出别人建议的同时，对英文写作构建了更为准确而全面的认知。实践的基础上，笔者建议在同伴反馈过程中多尝试使用总体评价，该种反馈类型可以帮助反馈者潜移默化中构建语篇意识，而不只是关注写作中语法规则是否正确等语言表层认识。

经过一个学期的同伴反馈实践，笔者发现作者与（同伴）评价者之间建立了良好的反馈互动，彼此从中受益。为了了解作者对同伴反馈的认可程度，笔者在实践中加入了作者对同伴评价的回评，下文通过同伴反馈实例 3 来分享学生们在同伴反馈中的成长及学生对同伴反馈的态度。

同伴反馈实例 3。

学生原文：

Frustration

"All citizens and people across the country immediately enter a state of emergency prevention and control, and do a good job in comprehensively preventing the spread of the epidemic." In January 2019, COVID-19 broke out in Wuhan. This is a brief report from the news. The people of the whole country who are about to celebrate the new year are in a state of closure and prevention and control. An epidemic spreading to the whole country has greatly changed our lives. Depression, worry and helplessness are full of this originally flustered epidemic.

At the end of the 19th century, fear, depression and guilt became synonymous with my heart. Our whole family does not go out in accordance with the requirements of epidemic prevention. We prepare daily necessities and food in advance and try not to go out. I had to prepare for the exam at school. I can only review online at home. But the efficiency of online classes makes me very worried about the learning effect. I'm afraid that online class will delay the exam. At this time, my heart is full of fear and anxiety. When we see the global news, there is a forest fire in Australia. The virus in the United States covers the whole country, and a large number of rare bats appear and disappear. Such news makes us reflect on what we have done on the earth to destroy the ecology. We should feel guilty and reflect on the harm human beings have done to the earth.

What this epidemic has brought to me is frustration, helplessness and the shadow of a better life. At the moment, there is only one thought in people's hearts. That is to hope that the epidemic will subside as soon as possible! A casual stroll in the past has become an expectation that we can't expect at this time. The citizens are not going out. The whole family is isolated at home for fear of bringing trouble to the epidemic. The hard-working medical staff are always working hard on the front line, trying to keep our home from being invaded by the virus. At this time, the pace of our life slowed down. Not going out at any time, not going out to work, not going out without wearing an epidemic mask, etc. I was frustrated that I couldn't resume my daily life, and I was helpless that I couldn't see the end of the epidemic. The single online class life and the days of staying at home make me feel confused.

I can now recall that the 2019 COVID-19 is full of fear, frustration and disappointment.

同伴反馈评语及回评反馈：

学生对以上作文分别从“Unit, Support, Coherence， Wording and Sentence Skill”四个层面给出修改建议，根据笔者要求作者也对同伴的建议进行了评价反馈，具体如下：

Peer feedback：（1）Unity： Firstly, you do have a clear topic sentence, so I think you have made progress this time. Secondly, you have certain emotions in the narrative, and the concluding part has tied up the story. But I want to remind you that in order to improve the unity, you should have more concrete examples to describe your own emotions. Besides, your narrative is a little messy, if each sentence can help to keep the action moving, it would be better I think.

Back-evaluation：这个评语对我来说是很有用的，让我清楚地知道了我文章的优点和缺点。下次我会再多举几个例子来描述故事。

Peer feedback：（2）Support： Firstly, I think the narrative has a beginning, middle, and end of a story. Secondly, the narrative has included some details, but I think your narrations are not vivid enough. So in order to help readers experience the event as it actually happened, I suggest that you provide the example of your own study experiences or medical workers more concrete and vivid. Besides, there are enough characters in your essay, but it would be better if you give them more concrete description.

Back-evaluation： This comment is helpful. Let me know clearly that I should notice that some details of my article should be more detailed next time.

Peer feedback：（3）Coherence： I want to remind you that you have few transitional words or sentences in your essay, especially in the main body of your essay. And because you lack transitional words or sentences, the sentences can't flow from one to another. Therefore, it's no doubt that your narrative is a little messy. You need to use transitional sentences well I consider.

Back-evaluation： This comment is helpful. The shortage of the article is that there are too few transitional sentences. I will use more transitional sentences to make the article more logical next time I write an article.

Peer feedback：（4）Wording and Sentence Skill： You've made progress, because I think the writing has used some specific words. But you still need to avoid wordiness. For example, in the introductory paragraph and the main body of your essay, it would be better if you use your words more concisely. For example, in the eighth sentence of the third paragraph, your words are too wordy. Besides, you have some clauses in the essay, I suggest you have more clauses. One thing I want to remind you is that you have some sentence skill errors, for example, there should be an interval after a period.

Back-evaluation： This comment is helpful. Let me know that my article should have more advanced words and use more phrases to fill the article.

（二）同伴反馈案例研究评析

1. 案例简介

本案例基于黄彦红老师的同伴反馈研究，该研究旨在探讨同伴反馈对大学生英语写作焦虑及写作能力的影响。实验对象为华东地区某高校非英语专业一年级两个班级 152 名学生，其中一个班级为实验组，另一个班级为控制组。研究者在实验组的大学英语写作教学实践中采用“同伴反馈+教师反馈”的评价方式，而在控制组主要采用教师反馈为主的传统评价方式，力求通过实证的方式验证同伴反馈的效果及对大学生英语写作能力提升的作用。具体来说，本案例主要探讨两个问题：（1）同伴反馈是否可以降低学生的写作焦虑。（2）同伴反馈是否可以帮助学生提高英语作文质量。

2. 案例实施

该案例采用的主要研究工具有外语写作焦虑量表、写作成绩测试和半开放问卷。实验持续周期为 16 周。首先，实验前分别对两个组进行英语写作水平测试和写作焦虑调查前测，写作水平测试难度以大学英语六级考试命题式作文真题为参照，而焦虑调查则以郭燕等翻译并修订的“二语写作焦虑量表”为依据。前测结果显示：实验组和控制组学生的英语写作成绩以及写作焦虑水平相当，均无显著性差异。其次，研究者提供了简单易懂的同伴反馈实施标准，具体包括内容、结构、语言表达三个维度。在实验开始前，教师开展了实施前的培训和试评，并同时按照学生自愿结对分组，形成互评同伴。最后，实验中，教师分别对两个组布置了四次相同的写作任务。实验组按照“一稿—同伴互评—学生二稿—教师反馈”的反馈流程开展作文评价活动，而控制组则按照“一稿—教师反馈—学生二稿—教师反馈”的单向式反馈模式向学生提供作文修改建议。

3. 案例结论

经过一个学期 16 周的教学实践后，研究者分别对两组同学进行了写作水平后测和焦虑水平调查，结果显示：（1）实验组学生英语写作焦虑明显降低，表明同伴反馈有利于降低非专业学生的英语写作焦虑，特别是对降低学生写作构思焦虑效果显著。同时，同伴反馈不但可以激发学生写作兴趣，增强写作自信，而且对课堂教学焦虑以及回避行为的出现具有一定的缓解作用。（2）“同伴反馈+教师反馈”相结合的反馈模式，与传统的教师反馈作用异曲同工，对学生写作能力的提升都起到了积极的作用，效果显著。

4. 案例评析

此案例通过一个学期的实证研究发现，“同伴反馈+教师反馈”模式具有和教师反馈一样的作用，均可以激发学生写作的积极性，树立写作自信，有助于降低学生的写作焦虑，促进学生合作学习，进而提升学生的写作能力。笔者以第三方的视角，探究原因如下：

（1）同伴反馈实施前的培训及试评指导是本次实验结论正向发展的基本保障。通过培训与试评，学生对同伴反馈有了较为清晰的认识，明确了同伴反馈的评测点，使得实验具有一定的可操作性，避免了同伴反馈流于形式。

（2）本案例中每次同伴反馈，研究者均安排在老师的指导下课堂教学过程中进行，学生能够在半开放的状态下认真给出建议，并且和作者进行面对面的探讨，读者与作者进行深度交流，避免了反馈信息的不对称，学生从原来被评者的被动角色变成了评价者、读者以及作者多重身份的主动参与者，学生通过在与同伴、教师的互动交流中发现问题，分析问题，探索解决问题之道，不断反思中加深了对写作主题的认识、理解与内化，增强了自主学习和自我评估的能力。

（3）学生通过阅读同伴作文，可以发现同伴的问题，从而能够客观认识自己的不足，让学生意识到好作文一定是在反复修改的基础上形成的，从另一层面增加了自身的写作信心，降低了写作的心理压力和焦虑。

（4）与以往研究不同的是，此案例中研究者采用同伴反馈和教师反馈相结合的方式以检测同伴反馈的有效性，是研究结论得以成立的重要保证。这充分说明同伴反馈是教师反馈的有益补充，在写作过程中将同伴反馈和教师反馈结合应用，两种反馈相互补充共同促进学生写作水平的提高。

同时，笔者发现研究问卷中学生对“自己不再像以前一样躲避英语作文”这一问题的肯定回答人数只占 62.5%，相对于蔡基刚的研究“学生对同伴反馈的满意率高达 93%”[①]，此结果不尽如人意。同伴反馈在克服学生英语写作畏难心理方面的效果仍需提升。对于此结果的原因，笔者认为同伴反馈的实施效果与学生班级规模有极大关系，本次实验受试人数达 77 人，相比于规模较小的班级，如果教师的指导不及时，同伴反馈实施的效果就难于保证，在一定程度上影响学生对同伴反馈的收获感和成就感。因此，为了保证同伴反馈的实施效果，建议可以在小范围内试行，成熟后再大规模推广效果更佳。

三、智能反馈

智能反馈基于自动写作评改系统和大数据，随着信息技术和网络的迅速发展与普及，国内外各种自动写作评估系统应运而生，如IEA、E-rater、BETSS、IntelliMetri及国内的句酷评改网和iWrite英语写作教学与评阅系统等。这些智能评改系统为二语写作教学带来了巨大的变革，成为大学英语

① 蔡基刚：《中国大学生英语写作在线同伴反馈和教师反馈对比研究》，《外语界》，2011 年第 4 期。

写作教学信息技术赋能教学的重要手段。由此，智能反馈在大学英语写作中扮演着越来越重要的角色，引起了学界的普遍关注。自进入21世纪以来，基于大数据技术的智能反馈模式成为国内外研究的热点之一，特别是对智能在线同伴互评的研究更是推陈出新，但研究结论却褒贬不一。国外，对于智能反馈研究起步较早，20世纪90年代，阿姆斯特朗（Armstrong）和耶特·瓦索（Yetter Vassot）就开始研究以电脑为媒介进行同伴互评活动，发现学生喜欢使用低频词汇和复杂的句型来提升自己的作文质量[①]。另外，部分学者从对比研究的视角出发，对在线同伴互评进行研究，发现与传统面对面同伴反馈相比，在线同伴反馈更能促进学生给出直接且真实的反馈，从而实现帮助学生提高写作能力的作用。Guardado & Shi（2007）的研究表明Peerceptiv在线同伴互评系统能为学生提供有效的写作反馈，能促进学生文本修改，进而提高学术语篇文本质量。[②]也有部分研究有不同发现，面对面交流的学生作文质量要好于在线交流的学生作文，且在线互评多关乎作文表层问题，对修改帮助不大。随着Peerceptiv系统在我国外语界的引入，国内张福慧（2016），高瑛等（2018）探究了Peerceptiv在线互评系统在英语写作教学中的应用及同伴反馈的效果。除此之外，众多学者依托不同理论，采用对比研究等视角对在线同伴反馈的影响以及作用等进行深入研究，认为在线同伴反馈不但可以唤起学生的读者意识，增强学生写作学习的积极性，还可以降低学生写作焦虑情绪，有助于学生间形成写作学习共同体，在同伴交流互动中提升作文质量意识，不但可以开阔思路，丰富认知，还可以促进学生自主学习能力以及写作能力的提升。

纵观以上研究发现，在国外，智能反馈研究主要涵盖三类：第一，智能反馈对学生写作结果的影响（如分数、错误率、文本长度）；第二，对学

---

① Armstrong, K. M. & Yetter-Vassot C. Transforming teaching through technology. *Foreign Language Annals*，1994（4）：475-486.

② Guardado M., Shi L. ESL students' experiences of online peer feedback. *Computers and Composition*，2007（4）：443-461.

生写作过程的影响，如修改所用时间、错误修改率以及写作花费时长；第三，智能反馈的有用性。相对来说，第一类研究最多，对写作过程的研究较少，尤其是关于写作过程中学生和智能系统的互动研究相对不足。在国内，智能反馈研究主要集中于两个方面：关于智能反馈有效性的实证研究和智能反馈与教师反馈、同伴反馈等其他反馈方式的比较研究。就其研究结果来看，学界基本达成共识：智能反馈便捷、及时，是课堂教学的有益补充。但也存在不足，比如，反馈的准确性与灵活性有待于提高，等等。

综上所述，智能反馈在国内外的研究仍处于发展阶段，具有数量不多、范围相对局限的特点，仍有很大的研究空间，但信息技术环境下智能反馈对大学英语写作教学的作用已初见成效并将成为信息技术赋能教学的有效途径，必将受到外语界更多学者和教师的关注与研究。下文围绕智能反馈，从实例应用和个案评析两个维度，探讨智能反馈在大学英语写作教学中的应用。

（一）智能反馈实例

1. 背景介绍

笔者所在学校英语写作教学团队分别于2012年、2020年开始在英语写作课程教学中引入批改网和iWrite英语写作教学与评阅系统辅助教学。每次任务发布，教师都会设定写作要求和截至时期，要求学生按时提交作文，并根据系统在线反馈，要求学生进行“修改—提交—再修改—再提交”的循环模式，直至学生满意为止。如图5-5所示，同一篇作文“Immoral Behavior in Public”，其中一位学生根据系统智能反馈最多修改次数达17次，分数由原来的7.9分提升到10.1分（满分15分）。学生每提交一次作文都能即时看到自己的进步，此种即时的分数反馈刺激极大地激发了学生的写作欲望与兴趣。下文以iWrite英语写作教学与评阅系统为例，探讨智能反馈在大学英语写作教学中的应用。

学号	姓名	版本	提交时间	写作用时	机评
610502200110...	任嘉豪	3	2021.06.28	3 min	11.4
20111010601	张舒琪	2	2021.06.28	1 min	10
20111010620	雷诗雨	6	2021.06.25	1 min	11.2
20111010629	武国玲	5	2021.06.20	1 min	10.7
20111010613	任思瑶	1	2021.06.15	1 min	9.2
20111010624	张佳漫	5	2021.06.09	1 min	9.2
20111010618	王羿	9	2021.04.28	1 min	11.1
20111010608	党怡丹	17	2021.04.24	3 min	10.1

图 5-5 iWrite 英语写作教学与评阅系统学生作文统计

2. 实例评析

2021年春季学期，正值新冠疫情高发时期，在教育部“停课不停学”的要求下，笔者所在学校英语写作教学团队积极探索实施“校内外优质平台+人机反馈”线上教学改革，充分保障了写作课程线上教学的效果。为了弥补线上教学对学生作文评阅不便的短板，团队积极引入iWrite系统，辅助进行课后写作作业提交与反馈，极大激发了学生写作热情，提升了写作反馈效率，进而帮助学生逐步提高写作能力。下文以某同学的一次作文为例（见图5-6），分析iWrite系统对学生作文反馈的效果。

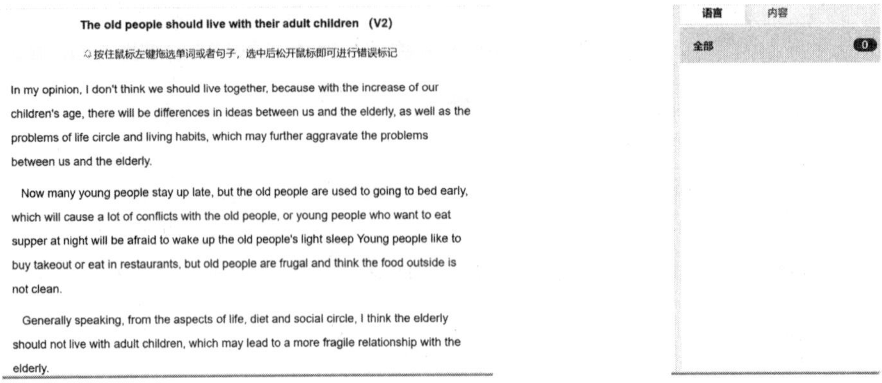
语言 内容
全部 0

The old people should live with their adult children (V2)

按住鼠标左键拖选单词或者句子，选中后松开鼠标即可进行错误标记

In my opinion, I don't think we should live together, because with the increase of our children's age, there will be differences in ideas between us and the elderly, as well as the problems of life circle and living habits, which may further aggravate the problems between us and the elderly.

Now many young people stay up late, but the old people are used to going to bed early, which will cause a lot of conflicts with the old people, or young people who want to eat supper at night will be afraid to wake up the old people's light sleep Young people like to buy takeout or eat in restaurants, but old people are frugal and think the food outside is not clean.

Generally speaking, from the aspects of life, diet and social circle, I think the elderly should not live with adult children, which may lead to a more fragile relationship with the elderly.

图 5-6 iWrite 学生提交系统的作文

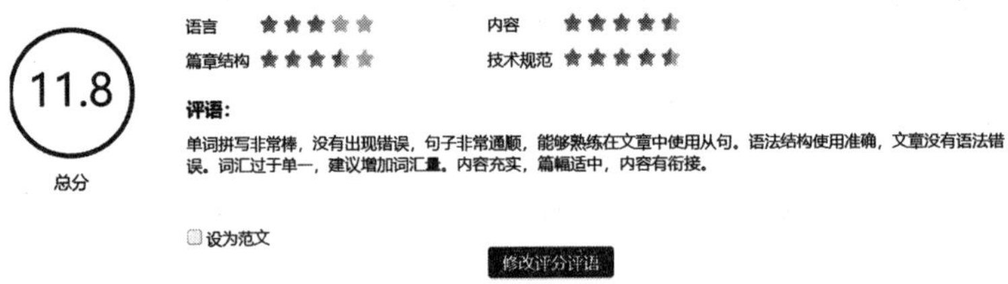

图 5-7 iWrite 系统对学生作文的总结评价

本次学生作文题目为“The old people should live with their adult children”，由图5-7可知，iWrite系统智能反馈包括语言、内容、篇章结构、技术规范四个维度，并同时给出总结评语与作文得分，其中满分可根据作文要求教师自己设定，本次作业满分教师设置为15分。从综合评语文本来看，评语共三句，其中语言维度包括一、二两句，主要涉及词汇和语法层面，第三句为内容和技术规范层面，篇章结构并未涉及。基于学生作文文本分析，细读综合评语，笔者发现系统智能反馈存在如下不足：

（1）句法纠错方面。评语部分对于该作文句子层面的评价是“句子非常通顺，能够熟练在文章中使用从句，没有语法错误”，但笔者细读作文发现如下表达：“or young people who want to eat supper at night will be afraid to wake up the old people’s light sleep Young people like to buy takeout or eat in restaurants, but old people are frugal and think the food outside is not clean.", 仔细分析此句，第二个 "Young people" 之前应该加 "句号"，否则本句便是典型的流水句。

（2）词汇搭配方面。系统并不能完全识别错误，适当给出准确的反馈。如作文中有 "aggravate the problems between us and the elderly" 的表达，细读此句不难发现，作者想表达的意思是老人与年轻人之间观点、生活圈子和生活习惯的不同会恶化两代人之间的关系。笔者认为"worsening relationship"或"sour relations"更符合语义，但作者却使用"aggravate the problems"，多少有些中式英语的味道。

（3）内容方面。作文的开头段，作者说年轻人与老年人在观点、生活圈子和生活习惯方面存在差异，所以不赞成年轻人与老年人住在一起，点明作者对此问题的观点。第三段是结尾段，作者重申了开头段的主要意思，强化了中心思想。按照文章结构，第二段作者应就这三个方面展开论述，说明原因，但通读此段不难发现，作者针对年轻人与老年人的生活习惯的不同加以阐述，并未涉及其他两方面。因此，在内容、逻辑方面，iWrite评阅系统并不能完全识别如此错误，存在顾此失彼的现象。因此，作文前后观点与论述不一致的问题，系统并未给出评价。

（4）技术规范方面。系统给出4.5星的评价，但从作文在系统呈现的排版来看，第一段首行并未缩进，第二、三段的首行缩进只有一个字符，但综合评语部分并未体现上述方面的反馈。鉴于以上分析，笔者对此篇作文做出如下总结评价（见图5-8），并对语言错误在作文中给出了具体修改建议（见图5-9）。

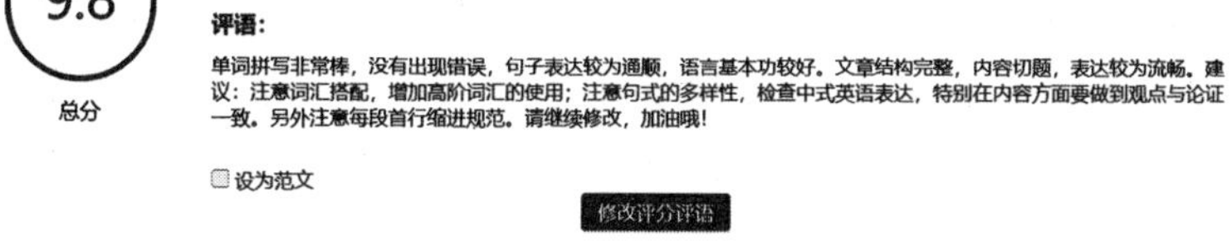

图 5-8　教师对学生作文的评价

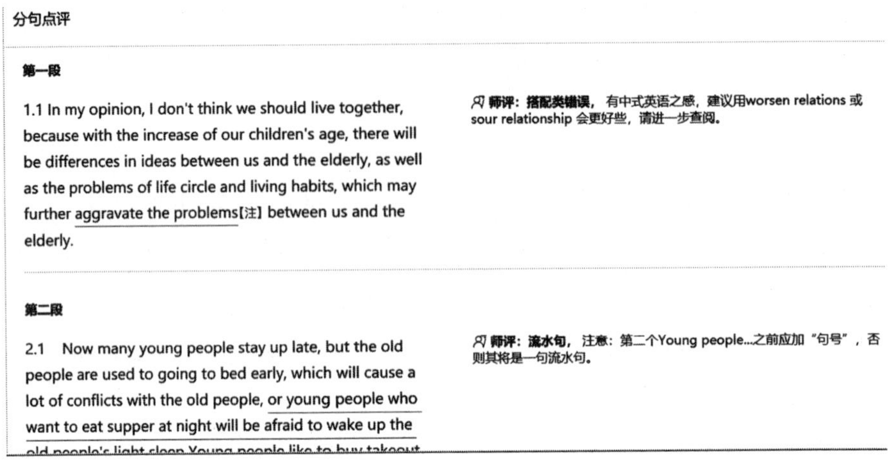

分句点评

第一段

1.1 In my opinion, I don't think we should live together, because with the increase of our children's age, there will be differences in ideas between us and the elderly, as well as the problems of life circle and living habits, which may further aggravate the problems[注] between us and the elderly.

师评：**搭配类错误**，有中式英语之感，建议用worsen relations 或 sour relationship 会更好些，请进一步查阅。

第二段

2.1 Now many young people stay up late, but the old people are used to going to bed early, which will cause a lot of conflicts with the old people, or young people who want to eat supper at night will be afraid to wake up the

师评：**流水句**，注意：第二个Young people...之前应加“句号”，否则其将是一句流水句。

图 5-9　教师反馈

基于以上实例，我们会发现智能反馈便捷、即时，反馈维度全面，加之基于数据库的评分定级，在一定程度上促使学生反复修改，在修改中可以切实体验收获感和成就感，激发了学生的写作兴趣，有助于学生自主学习习惯的养成。通过智能评阅不同维度的评价反馈，学生对作文评价标准形成了明确认识，逐步构建了作文的语篇框架；同时，可以快速帮助学生解决作文中的浅层错误，如拼写、基本语法、标点等，从而在一定程度上缓解了教师评阅作文的负担，是教师反馈的有益补充。但智能反馈作为一种新兴的写作反馈方式，受限于大数据和智能网络技术的发展，也存在一定的不足，无法提供更高质量和更深层次的反馈建议。与人工反馈相比，智能反馈不能对文章的内部逻辑、修辞特点以及思想内容的条理性等方面提供有针对性的反馈，在一定程度上使得智能反馈的推广与应用受到影响。因此，基于实践，笔者认为，智能反馈是教师反馈和同伴反馈的一种有益补充，尤其在特殊情况下，对英语写作教学改革与发展起到了极大的促进作用，但不能替代教师反馈。因此，在教学实践中，建议教师将智能反馈与教师反馈相结合，切实提高写作反馈的效度与信度。同时，写作教师应根据教学任务，灵活设计写作反馈模式，使各种反馈方式能相互补充，从而促成学生写作能力的发展。

（二）智能反馈案例评析

1. 案例简介

本案例基于余薇老师的大学英语写作智能反馈和教师反馈对比研究，实验对象为广东省某高校英语专业二年级 16 位学生，来自研究者任课的两个班级，从中各随机抽取 8 位学生进行个案研究，其中一组采用教师反馈，另一组主要采用智能反馈。在此基础上，该研究从比较研究的视角出发，探讨教师反馈和智能反馈两种反馈方式对学生作文修改效果的差异及作文整体质量的影响，以期找寻英语写作教学中最佳的反馈方式，切实帮助学生提高写作能力与水平。

2. 案例实施

该实验基于英语写作课程，任课教师均由研究者担任，教材、教学内容均保持一致，持续周期为一个学期，共 17 周，均完成 6 次写作任务，每次写作任务持续 2 周时间，选用 iWrite 英语写作教学与评阅系统作为检验智能反馈效果的主要工具。两个实验组采用不同的反馈方式，其中教师反馈组只接收教师反馈，流程如下：教师布置写作任务，学生提交初稿，一周后教师返回修改反馈，学生根据反馈意见修改作文后再次提交教师；智能反馈组只接收系统反馈，教师布置写作任务，学生在规定时间内提交初稿至 iWrite 评阅系统，系统即时反馈修改建议，学生修改后，将初稿和修改稿一并提交教师。

一个学期后，教师收集学生作文文本，采用问卷调查和访谈的方法，从以下三个方面开展分析研究：（1）统计两种反馈方式的反馈意见数量，具体细分为“可用意见点”和“不可用意见点”；（2）对两个反馈组的文本修改按照“成功修改”和“不成功修改”进行统计，以此对比其作文修改成功率。同时，从语言、内容和结构三个维度分析两组学生作文修改类型的差异，考查学生文本修改的特点；（3）分别统计学生一个学期6次作文初稿和修改稿成绩，以此成绩作为判断学生写作水平的依据，从而分析教师反馈和智能反馈对学生作文修改的影响。

3. 案例结论

通过对两个反馈组学生6次作文的文本分析、统计法分析和访谈结果等进一步对比分析，形成如下结论：（1）从反馈点数量来看，教师反馈意见点数量要远高于智能在线反馈；（2）从学生作文修改成功率来看，智能反馈的效果要明显优于教师反馈；智能在线反馈多集中于学生语言层面的修改，成功率高，见效快，而教师反馈侧重于作文内容、逻辑以及结构层面，修改效果甚微；（3）从作文整体质量来看，教师反馈有利于学生提高初稿作文的整体质量，而智能在线反馈对提高学生再稿作文整体质量效果更为突出。

4. 案例评析

基于以上结论，探究其原因如下：第一，结合笔者写作教学实践（在前一部分已阐述）可以发现，由于技术发展及语料库数据等原因，智能评阅系统无法探测出所有语言错误，特别是对于句子结构复杂、语言表达不清及逻辑性错误方面在线反馈存在较为明显的不足。第二，智能在线反馈的效果明显优于教师反馈的原因是，iWrite智能评阅系统的优越性在于对于语法层面表层诊断效果好，并且大多数纠错反馈采用直接反馈的方式，在指出错误的同时给出了具体的修改建议，所以修改指令针对性强。而对于教师反馈，多数教师采用间接反馈的方式，只是标出错误位置，指出错误类型并未直接给出正确答案，加之教师反馈更注重对内容、逻辑和结构等深层次错误纠错，会引起教师反馈与学生修改之间的不对等现象，影响修改的正确率。另外，由于教师反馈耗时长，存在一定的延时性，部分学生对于作文写作内容印象已经模糊，加之收到反馈后修正不及时、态度不端正等主观因素也会影响反馈修改效果。第三，从反馈意见点数量和修改特点来看，教师反馈具有明显优势，特别在可用意见点方面，从语言的微观使用到作文宏观的谋篇布局，为学生修改提供了更为全面的修改建议，从而为初稿作文质量提高提供了更大的可能性。对于智能在线反馈对学生再稿作文整体质量更有效的结论，探究原因，笔者认为与下列因素相关：首先，语言、词汇、语法纠错是智能反馈优势所在，纠错建议明确，学生获得直接反馈，经过一个学期智能在线反馈的强化，学生形成了自主构建语言知识的习惯，并自然而然地映射到学生的后续作文中。其次，笔者应用iWrite评阅系统后发现，系统评阅分数与语言错误相关性较高。换言之，在作文内容、逻辑和结构质量相同的条件下，无语言错误的作文，系统给高分的优势明显，这也是智能在线反馈对提高学生再稿作文整体质量更有效的因素之一。

四、多元反馈

不同形式的反馈对学生作文的修改、作文质量的提高和写作能力发展起着不可忽视的作用。众多研究表明，教师反馈能够促成更多的深层语言特征的修改提高，如思想内容、篇章结构、文章整体的流畅性和条理性等；同伴反馈对语言表层特征和深层内容都有反馈，能有效减轻写作焦虑，激发写作兴趣，培养学生的批判思维能力及分析和解决问题的能力，但是同伴反馈受限于同伴的语言水平和学习动机；智能反馈能引发较多的表层语言特征修改，如单词拼写校正、搭配以及写作技术规范的局部修改。总体而言，这三种反馈方式各有优劣。大数据时代，信息技术的发展、数字化学习资源的普及以及智能作文评阅系统的推广应用给英语写作教学改革与研究带来了系统性的变革，对师生角色、学习方式以及学习环境等教学要素都产生了深远的影响。在信息技术背景下，整合大数据的方法与人工反馈评阅方式的优势，构建多元混合反馈模式，是大学英语写作教学改革与研究的有益探索。

目前，将以上两种及两种以上反馈方式相结合进行研究已成为写作反馈研究的新转向，主要热点有：一是结合两种及以上的人工反馈；二是在线智能反馈和传统人工反馈方式相结合而产生的人机多元反馈。前者研究较为成熟，如蔡基刚（2011）尝试性采用“在线同伴反馈+线下教师反馈”的模式，经过3个学期的实践、分析，发现在线同伴反馈能够增强学生的读者意识和文章质量意识，调动学生英语写作的积极性，学生写作的质量有了明显提高。[①]杨丽娟等（2013）将教师反馈、同伴反馈和“教师反馈+同伴反馈”三种反馈模式有效性进行对比研究，发现两种反馈相结合的反馈模式更受学生欢迎，效果明显优于其中任何一种单一反馈模式。[②]但关于人机结合的反馈研究起步较晚，研究重点多集中于人机多元反馈模式对提高学生英语写作文本水平的效果。如，张华（2019）指出人机多元反馈可以促进学生写作水平、写作能力的提升[③]；黄静、张文霞（2014）通过多种数据收集和分析手段，验证了多元反馈对大学生英语写作修改的影响，指出学生对多元反馈参与度和认可度较高，促进了其多稿写作和养成不断修改的习惯，学生的主体能动性被激发，促进了英语写作学习，从而提高了大学英语写作教学质量[④]；刘奕和王小兰（2010）基于 blog 进行英语写作多元反馈模式，尝试将博客的网络技术引入写作过程，结合教师反馈、同伴反馈以及移动平台的同伴互动评改对写作文本进行多元化反馈[⑤]。纵观以上研究，关于人机多元反馈模式的优势不容否认，既可以激发学生写作动机又可促进写作能力的提升。下文围绕多元混合反馈，以实践和个案评析的方法，探讨多元反馈模式在大学英语写作教学中的应用。

（一）多元反馈实例

1. 线下多元反馈

笔者所授课程为“英语写作”，教学团队于2018年起开始实施线上线

① 蔡基刚：《中国大学生英语写作在线同伴反馈和教师反馈对比研究》，《外语界》，2011年第4期。

② 杨丽娟，杨曼君，张阳：《我国英语写作教学三种反馈方式的对比研究》，《外语教学》，2013年第3期。

③ 张华：《人机多元反馈对提高英语写作文本质量的效果研究》，《外语电化教学》，2019年第4期。

④ 黄静，张文霞：《多元反馈对大学生英语作文修改的影响研究》，《中国外语》，2014年第1期。

⑤ 刘奕，王小兰：《论基于 blog 的英语写作教学中的多元反馈模式》，《外语教学》，2010年第4期。

下混合式教学改革，课程团队依托泛雅课程中心，自建英语写作 SPOC 课程，引入 iWrite 英语写作评阅系统，探索实施“学生自评+生生互评+教师反馈”的多元反馈模式。教学实践中，课程团队教师会适时调整反馈方式，以促进学生写作能力的提升。下文以“学生自评+生生互评+教师反馈”为例，探讨线下多元反馈在写作教学中的应用，旨在培养学生发现问题、解决问题的能力。

与一般写作任务不同，本次写作任务包括课前自主学习和课前测，针对笔者所在学校英语专业大一年级学生，在课前布置课前自主学习任务，要求学生通过线上微课“Paragraph Structure”学习，以“Why I chose English as my major”为话题完成段落写作。首先，教师布置自主学习内容，并要求学生完成段落写作；其次，要求学生开展自评，在此基础上，提交二稿至学习小组；最后，在小组互评的基础上，将一稿和二稿小组互评的电子版提交教师（如图 5-10）。

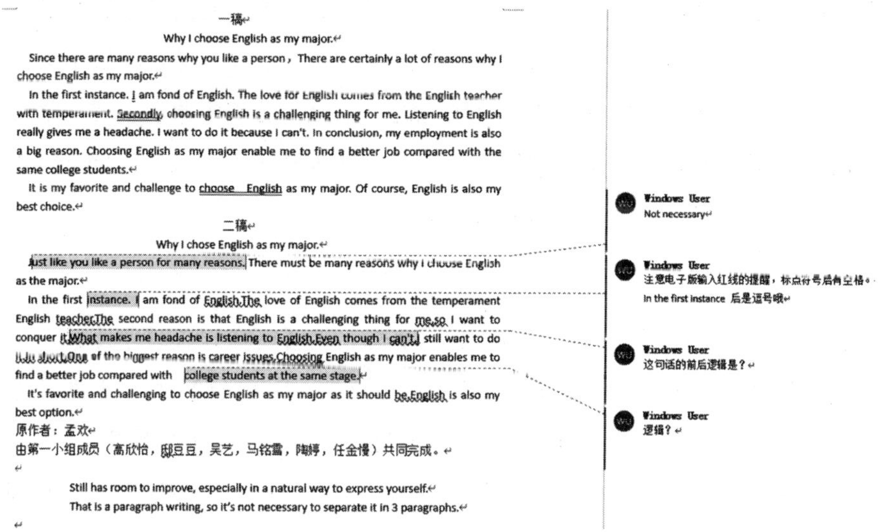

一稿

Why I choose English as my major.

Since there are many reasons why you like a person，There are certainly a lot of reasons why I choose English as my major.

In the first instance. I am fond of English. The love for English comes from the English teacher with temperament. Secondly, choosing English is a challenging thing for me. Listening to English really gives me a headache. I want to do it because I can't. In conclusion, my employment is also a big reason. Choosing English as my major enable me to find a better job compared with the same college students.

It is my favorite and challenge to choose English as my major. Of course, English is also my best choice.

二稿

Why I chose English as my major.

Just like you like a person for many reasons. There must be many reasons why I choose English as the major.

In the first instance. I am fond of English.The love of English comes from the temperament English teacher.The second reason is that English is a challenging thing for me.so I want to conquer it.What makes me headache is listening to English.Even though I can't.I still want to do it.In short.One of the biggest reason is career issues.Choosing English as my major enables me to find a better job compared with college students at the same stage.

It's favorite and challenging to choose English as my major as it should be.English is also my best option.

原作者：孟欢

由第一小组成员（高欣怡，郾豆豆，吴艺，马铭雪，陶婷，任金慢）共同完成。

Still has room to improve, especially in a natural way to express yourself.

That is a paragraph writing, so it's not necessary to separate it in 3 paragraphs.

Windows User
Not necessary

Windows User
注意电子版输入红线的提醒，标点符号后有空格。
In the first instance 后是逗号哦

Windows User
这句话的前后逻辑是？

Windows User
逻辑？

图 5-10　学生一稿、二稿电子版作业

如图 5-10 所示，通过学生自评和同伴互评的方式，教师可以更清楚地了解学生自主学习效果，明确课堂教学重点，开展有针对性的教学。学生自评后，从一、二稿的变化来看，学生对段落结构自主学习存在的主要问题有：（1）英文段落结构意识还未形成。教师明确要求“完成段落写作”，而学生自评和小组互评均未意识到段落写作和篇章写作之不同。（2）学生英文写作规范性不强。本次写作是学生第一次在写作课上提交的电子版作业，文本存在明显的英文输入不规范错误、标点符号输入不当引起的句子写作错误。（3）对于英文写作的条理性有一定的认识，但对于连接词的使用还需进一步提升。如“In the first instance, secondly/The second reason is that...”的恰当使用，但对于短语“In short”“In conclusion”的用法却不甚了解，且学生自评和互评中均未修正。教师通过对以上问题进行梳理总结，为课堂教学目标、重难点调整提供了明确的指向。

此外，通过学生自评和同伴互评相结合的反馈方式，为同学之间相互学习，交流思想提供了良好的平台。如图 5-10 所示，学生自评更多关注词汇、语法等语言表层错误的自我纠正，而以小组为单位的同伴互评模式可以激发每个同学的参与性，从内容思想的逻辑性、条理性等宏观层面关注英文写作，培养学生发现问题、解决问题的能力，逐步帮助学生建立学习共同体意识。最后，通过教师反馈的方式，教师进一步掌握学生自主学习的总体情况，课堂教学从而做到有的放矢。

2. 人机多元反馈

为了提高反馈效率，丰富写作实训平台，笔者所在课程教学团队积极引进智能评阅系统，探索性实施“智能在线反馈+教师反馈”相结合的反馈模式，强化学生自主写作训练，提高写作能力。因“智能在线反馈+教师反馈”的实例已在前文“在线反馈”部分深入分析，故本部分选取一个班级某次作文为例，探讨智能在线反馈系统的其他优势。

教学团队引入 iWrite 写作评阅系统，对于学生个体来说，系统的自动即时反馈可以帮助学生快速纠错，明确语言层面的不足并迅速改正，学生在“提交—修改—再提交—再修改”的循环中获得收获感，建立写作的自信心。对于教师来说，机器反馈除了帮助教师缓解作文评阅负担、减轻工作量外，也可以让教师将评阅重点由关注语言微观错误转向重点反馈思想、内容、篇章等高阶层面，人机反馈结合有利于帮助学生构建英文写作的语篇意识，引导学生认识到写作的本质，即写作是语言形式与内容的完美结合，任何一个方面存在不足都会影响写作的整体质量。此外，此类智能反馈系统还可以对每次写作任务进行班级整体分析（如图 5-11）。

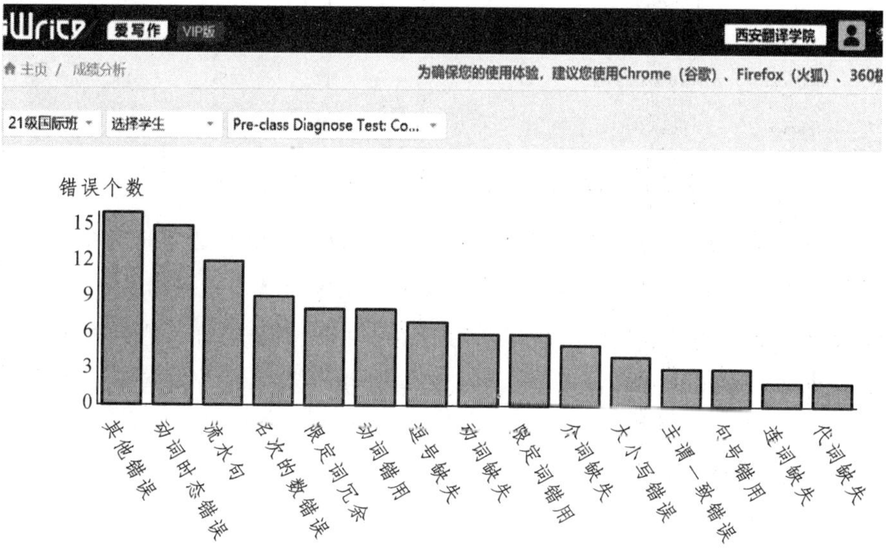

图 5-11　iWrite 系统对班级写作错误的整体统计

如图 5-11 所示，iWrite 系统对班级课前诊断写作任务进行了错误统计，教师可以从中较为精准地掌握本班学生英语写作过程中语言层面的常见错误类型，了解学生语言基础，从而可以帮助学生快速攻克难点，课堂教学做到有的放矢，提高课堂教学效果。同时系统还可以从词汇、句子以及可读性方面进行客观统计（如图 5-12），有助于教师精准定位学生写作水平，从而为教师合理设计教学提供依据。

错误类型统计 客观特征统计 21级国际班 全部作业 全部学生 生成曲线图 导出

词汇统计 词汇难度 句子分析 可读性

序号	作文标题	作业标题	Tokens	Types	Lemma	TTR	LTTR	Families
1	My Dream	Pre-class Diagnos...	192	101	95	0.53	0.49	74
2	Dream	Pre-class Diagnos...	229	126	118	0.55	0.52	94
3	Dream	Pre-class Diagnos...	226	127	117	0.56	0.52	95
4	My dream	Pre-class Diagnos...	205	132	123	0.64	0.60	93
5	My Dream	Pre-class Diagnos...	188	99	89	0.53	0.47	75
6	My Dream	Pre-class Diagnos...	207	114	103	0.55	0.50	85
7	My Dream	Pre-class Diagnos...	217	120	109	0.55	0.50	89

图 5-12 iWrite 系统对学生作文的客观特征统计

多元反馈模式的探索与实践证明：根据教学需要，适时将学生自评、同伴反馈、教师反馈与机器（在线）反馈等反馈方式有机融合为一体的多元混合反馈模式更能充分实现以学习者为中心的多种互动，促使学习者在不断思考、多稿评改的过程中，最大限度地提升写作能力和语言水平。

（二）案例评析

1. 案例简介

此案例基于张华老师的“人机多元反馈对提高英语写作文本质量的效果研究”，研究对象为某医科大学非英语专业大二学生，共 2 个班级 104 人，其中实验组 49 人，采用人机结合反馈；对照组 55 人，采用智能自动在线反馈，学生英语水平基本处于四级与六级之间。实验周期为 12 周，每两周布置一次写作任务。智能反馈系统选用冰果系统，并利用 Coh-Metrix 系统为文本分析工具以识别文本内部语言特征和内在逻辑关系。该案例将智能自动在线反馈和人机结合反馈对提高大学生英语作文的效果进行对比，以此验证两个问题：（1）两种反馈方式对提高大学生英语写作有何效果？（2）两种反馈方式对提高英语写作文本质量效果有何不同？

2. 案例实施

教师要求学生在课堂上限时（40 分钟）完成第一次作文写作任务，并将此作为前测作文。首先，由冰果系统自动评阅给分后，再由教师评阅并打分。之后，将自动评阅分数与教师评阅分数相加，计算平均分作为学生作文最终前测成绩。后续学期中间 4 次作文任务反馈方式按照实验组使用人机结合的方式（具体流程见图 5-13），对照组采用自动反馈。第六篇作文为后测作文，同样要求学生在 40 分钟内在课堂上完成写作任务。

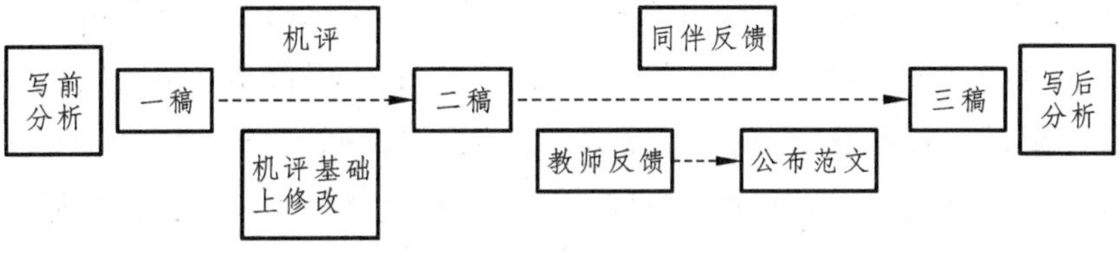

图 5-13 人机多元反馈流程图①

实验结束后，研究者将实验组的前测与后测和对照组前测与后测成绩分别导入 SPSS20.0 进行配对样本 t 检验，观察两个班学生作文成绩的变化，同时将文本逐一读入 Coh-Metrix3.0，进行文本分析。

3. 案例结论

首先，分别对实验班和对照班前测与后测作文成绩进行配对样本 t 检验，结果显示：实验班平均成绩有所提高，且前后两次成绩有显著差异；对照班均值出现了略降低现象，且前后成绩没有显著差异。在作文文本差异方面，通过对两组作文文本词汇复杂度、文本的易读性、句子间的 LSA（Latent Sematic Analysis）指标、词汇多样性以及句法复杂度等维度的比较发现，对照组学生作文选取维度成绩对比均无显著差异，而实验组学生的写作质量却显著提升。换言之，人机多元反馈模式比智能在线反馈方式效果更胜一筹，能够有效帮助学生提升作文质量和写作能力。

① 张华：《人机多元反馈对提高英语写作文本质量的效果研究》，《外语电化教学》，2019 年第 4 期。

4. 案例评析

基于上述研究，笔者有以下思考：（1）随着信息化技术的发展，智能在线反馈已成为一种新的反馈手段，正日渐被广大外语教师和学生所接受并引入教学实践。无可否认智能在线反馈具有高效实用、即时反馈以及评分客观①的优势，但单一的在线反馈对学生写作能力提升作用并不明显，只能作为教师反馈的辅助手段而不能代替教师。因此，教学中教师不应完全依赖智能自动评阅平台，而应充分发挥其优势，结合人工反馈，实施人机多元反馈模式，从而达到反馈效果的最大化。（2）人机多元反馈模式是动态且循环的过程。换言之，人机多元反馈的过程不仅仅指“学生提交一稿—在线反馈—教师反馈”的单向过程，学生可以根据在线反馈多次修改后，再提交教师评阅。同样，教师反馈并不是人工反馈的唯一方式，教师可以根据具体任务采用教师反馈、同伴反馈和自我反馈相结合的方式，对学生作文综合反馈，修改后再提交，经过综合评价与反馈推选优秀范文，最后赏析写作成果，结束写作任务。换言之，人机多元反馈的过程应该是多稿写作的过程，人工反馈并不意味着教师反馈、同伴反馈或是自我反馈中的任何一种，也许人工多元反馈效果会更加突出。因此，大学英语写作教学中人机多元反馈到底如何排列组合，充分发挥其多元反馈的优势是一个值得探讨的课题，有待所有英语写作教师和学者继续深耕细作。

---

① 钟彩顺：《基于在线自动反馈的自主写作修改研究》，《解放军外国语学院学报》，2015 年第 4 期。

参考文献

[1] ARMANDO FOX. From MOOCs to SPOCs[J]. Communications of the ACM， 2013（12）：38-40.

[2] BROWN J. D. The Elements of Language Curriculum: A systematic Approach to Program Development[M]. Boston， MA: Heinle & Heinle Publishers，1995.

[3] JEROME S. BRUNER. Beyond the Information Given: Studies in the Psychology of Knowing[M]. New York: W. W. Norton & Company，1988.

[4] CLAUDIA KEH. A Design for a process approach writing course[J]. Teaching Forum，1990.

[5] HU G.， Lan S. Issues of cultural appropriateness and pedagogical efficacy: Exploring peer review in a second language writing class[J]. Instructional Science，2010（4）：371-394.

[6] JANE WILLIS. A Framework for Task-Based Learning[M]. New Jersey: Addison Wesley Longman Limited，1996.

[7] JONASSEN D. H. Objectivism versus constructivism: Do we need a new philosophical paradigm?[J]. Educational Technology Research and Development，1991（3）：5-14.

[8] LARSEN FREEMAN D. The emergence of complexity， fluency， and accuracy in the oral and written production of five Chinese learners of English[J]. Applied Linguistics，2006（4）：590-619.

[9] LEKI I. Potential problems with peer responding in ESL writing classes[J]. CATESOL Journal，1990（3）：5-19.

[10] CURTIS J. BONK， CHARLES R. GRAHAM. The Handbook of Blended Learning: Global Perspectives， Local Designs[M]. San Francisco， CA:

Pfeiffer Publishing Company，2005.

[11] RESNICK. Shared cognition: Thinking as social practice[M]. Washington DC: American Psychological Association，1991.

[12] JACK C. RICHARDS R. SCHMIDT. Longman Dictionary of Language Teaching and Applied Linguistics[M]. Edinburgh GaTRRUte: Pearson Education Limited，2010.

[13] JOHN TRUSCOTT. The case against grammar correction in L2 writing[J]. Language learning，1996（2）：327-369.

[14] 布鲁纳. 教育过程[M]. 上海师范大学外国教育研究室，译. 上海：上海人们出版社，1973.

[15] 陈冰冰. MOOCs 课程模式：贡献和困境[J]. 外语电化教学，2014（3）：38-43.

[16] 陈美华，李宵翔. 大学英语教学改革的实践与前景[J]. 中国大学教学，2006（2）：50-51.

[17] 陈国华. 谈英语能力标准的指定[J]. 外语教学与研究，2002（6）：405-406.

[18] 陈坚林. 大数据时代的慕课与外语教学研究——挑战与机遇[J]. 外语电化教学，2015（1）：3-8+16.

[19] 程云艳. 直面挑战"翻转"自我——新教育范式下大学外语教师的机遇与挑战[J]. 外语电化教学，2014（3）：44-47+74.

[20] 邓隽. 大学英语写作教学的现状、问题及对策[J]. 西南民族学院学报（哲学社会科学版），2002（4）：204-208.

[21] 邓郦鸣，王香云. 背诵式语言输入对中国学生二语写作能力发展的有效性研究[J]. 外语教学，2007（4）：52-56.

[22] 邓小霞. 微信公众平台辅助课堂教学实证研究[J]. 现代计算机，2014（5）：41-45.

[23] 董亚芬. 我国英语教学应始终以读写为本[J]. 外语界，2003（1）：2-6.

[24] 方玲玲. "写长法"在大学英语教学中的应用研究[J]. 外语界，2004（3）：

40-45.

[25] 葛丽莲."母语迁移"对中国学生英语表达的影响——大学英语写作典型实例分析[J]. 首都师范大学学报，2003（4）：50-52.

[26] 顾泽慧，张静秋. 浅谈翻转课堂的"翻转"[J]. 电子测试，2016（11）：78-79.

[27] 郭绍清，黄建军，袁庆飞. 国外移动学习应用发展综述[J]. 电化教育研究，2011（5）：105-109.

[28] 郭燕，秦晓晴. 中国非英语专业大学生的外语写作焦虑测试报告及其对写作教学的启示[J]. 外语界，2010（2）：54-62.

[29] 高瑛，张福慧，赵绍杰，等. 基于 Peerceptiv 互评系统的英语写作同伴反馈效果研究[J]. 外语电化教学，2018（4）：3-9.

[30] 韩其顺，陆慈，董亚芬. 执行大学英语教学大纲的回顾与思考[J]. 教学与教材研究，1994（6）：9-13.

[31] 何克抗."混合"：通向未来之路——何克抗教授谈教育技术发展新动向[N]. 中国教育报，2004-01-05（5）.

[32] 何莲珍. 新时代大学英语教学的新要求——《大学英语教学指南》修订依据与要点[J]. 外语界，2020（4）：13-18.

[33] 何旭良. 句酷批改网英语作文评分的信度和效度研究[J]. 现代教育技术，2013，23（5）：64-67.

[34] 胡杰辉，胡加圣. 大学外语教育信息化 70 年的理论与范式演进[J]. 外语电化教学，2020（2）：17-23.

[35] 黄慧，王海. 对基于建构主义理论的我国外语教学研究的调查与思考[J]. 外语与外语教学，2007（6）：21-24.

[36] 黄乐平，张永悦. 国内英语写作教学现状、问题及展望[J]. 江苏外语教学研究，2021（2）：1-4.

[37] 莱斯利·P.·斯特弗，杰里·盖尔. 教育中的建构主义[M]. 高文，等，译. 上海：华东师范大学出版社，2002.

[38] 李玉顺，马丁. 移动学习的现状与趋势[J]. 中国信息技术教育，2008

（3）：9-11.

[39] 李勇. 教育评价、教育评估及教育考试概念辨析[J]. 考试研究，2015（6）：91-95.

[40] 刘润清. 关于英语教学大纲改革——从分离式教学大纲到统一的课程标准[J]. 外语教学与研究，2002（6）：403-404.

[41] 刘向红，王家义，夏艳萍，等. 基于语料库的工科学生英语写作用词特点透视[J].外语学刊， 2009（2）：121-123.

[42] 刘奕，王小兰. 论基于 Blog 的英语写作教学中的多元反馈模式[J]. 外语教学，2010（4）：70-72.

[43] 刘悦明，卢仁顺. 大学英语教学大纲新框架解读[J]. 北京第二外国语学院学报，2015（2）：79-86.

[44] 罗凌. 大学生移动英语写作学习行为研究[J]. 外语电化教学， 2017（2）：33-39.

[45] 毛凌滢. 大学英语写作教学现状及对策[J]. 重庆大学学报（社会科学版），2000（1）：98-100.

[46] 沈晶. 建构主义学习理论与教学革新[J]. 湖北教育学院学报，2005（2）：97-100.

[47] 王初明. 外语写长法[J]. 中国外语，2005（1）：45-49.

[48] 王初明. 从外语学习角度看大学英语教学和考试的改革[J]. 外语界，2010（1）：17-22.

[49] 王海啸. 大数据时代的大学英语写作教学改革[J]. 现代远程教育研究，2014（3）：66-71+86.

[50] 王娜，杨永林. “三级评议模式”在创新写作教学中的应用——来自“体验英语写作”团队的报告[J]. 外语教学，2006（6）：36-40.

[51] 王守仁. 全面、准确贯彻《大学英语课程教学要求》深化大学英语教学改革[J]. 中国外语，2010 （2）：4-7+20.

[52] 吴启迪. 在大学英语教学改革试点工作视频会议上的讲话[J]. 中国外语， 2004（1）：1-7.

[53] 吴晓蓉. 写作体系重建：文学应对数字化时代的策略[J]. 西南民族大学学报（人文社科版），2004（5）：238-241.

[54] 项茂英. 情感因素对大学英语教学的影响——理论与实证研究[J]. 外语与外语教学，2003（3）：23-26.

[55] 薛国凤，王亚晖. 当代西方建构主义教学理论评析[J]. 高等教育研究，2003（1）：95-99.

[56] 严嘉. 由教学大纲看我国大学英语教学的发展历程[J]. 英语教师，2020（3）：113-116.

[57] 杨苗. 中国英语写作课教师反馈和同伴反馈对比研究[J]. 现代外语，2006（3）：293-330.

[58] 杨永林，丁韬. 互联网+时代，英语写作怎么教?[J]. 外语研究，2016（1）：60-63+112.

[59] 岳豪. 利用 AntConc 在外语教学中自建小型语料库[J]. 河南工程学院学报（自然科学版），2008（4）：44-47.

[60] 张芳，张焕端，张文霞. 基于 MOOC 与雨课堂的混合式教学初探：以"生活英语听说"MOOC 与雨课堂的教学实践为例[J]. 现代教育技术，2017（5）：33-39.

[61] 张学新. 对分课堂：大学课堂教学改革的新探索[J]. 复旦教育论坛，2014（5）：5-10.

[62] 张福慧，狄艳华，等. Peerceptiv 互评系统辅助学生英语写作的研究[J]. 外语电化教学，2016（8）：38-44.